# 人民美术家

郭怡孮 卷

陈高潮 主编

北京工艺美术出版社
北京人民出版社

图书在版编目（CIP）数据

人民美术家．郭怡琮卷 / 陈高潮主编．—— 北京：
北京工艺美术出版社，2024.7
ISBN 978-7-5140-2813-3

Ⅰ．①人… Ⅱ．①陈… Ⅲ．①郭怡琮－事迹－画册
Ⅳ．① K825.72-64

中国国家版本馆 CIP 数据核字 (2024) 第 064088 号


出　版　人：夏中南
策划编辑：吴剑安
责任编辑：赵　微
装帧设计：贾　春
责任印制：范志勇

# 人民美术家·郭怡琮卷

RENMIN MEISHUJIA　GUO YICONG JUAN

陈高潮　主编

| | | |
|---|---|---|
| 出　　版 | 北京工艺美术出版社 | |
| | 北京人民出版社 | |
| 发　　行 | 北京美联京工图书有限公司 | |
| 地　　址 | 北京市西城区北三环中路6号　京版大厦B座702室 | |
| 邮　　编 | 100120 | |
| 电　　话 | (010) 58572763（总编室） | |
| | (010) 58572878（编辑室） | |
| | (010) 64280045（发　行） | |
| 传　　真 | (010) 64280045/58572763 | |
| 经　　销 | 全国新华书店 | |
| 印　　刷 | 涿州市荣升新创印刷有限公司 | |
| 开　　本 | 635毫米×965毫米　1/8 | |
| 印　　张 | 44 | |
| 字　　数 | 126千字 | |
| 版　　次 | 2024年7月第1版 | |
| 印　　次 | 2024年7月第1次印刷 | |
| 定　　价 | 388.00元 | |

# 序言

# 为新时代画像

王野霏

　　"繁荣文艺创作、推动文艺创新，必须有大批德艺双馨的文艺名家。要把文艺队伍建设摆在更加突出的重要位置，努力造就一批有影响的各领域文艺领军人物，建立一支宏大的文艺人才队伍。"这是习近平总书记《在文艺工作座谈会上的讲话》中关于新时代中国特色社会主义文艺工作的明确要求，也是我们"人民美术家"新时代美术家丛书编辑出版的重要思想基础。中华民族具有悠久的历史和灿烂的文化，美术是中华优秀传统文化的重要代表。

　　新中国成立以来，全国美术界按照"为人民服务，为社会主义服务"的发展方向和"百花齐放，百家争鸣"的指导方针，取得了辉煌的艺术成就。改革开放，特别是党的十八大以来，我国美术界全面繁荣，生机勃发。歌颂党、讴歌祖国、为人民树碑立传的，人们喜闻乐见的优秀作品不断涌现；一大批德艺双馨的艺术家脱颖而出，引领着中国当代美术不断地健康发展，形成全面繁荣的大好局面。就美术家而言，其在美术创作实践中，阶段性的艺术总结，无论是对其作品价值的再发现、再推广，还是对其本人和艺术的再提高，都显得十分必要。对于美术行业而言，阶段性地梳理和总结新时代美术家的创作成就，特别是艺术大家的创作成就和艺术道路，是美术行业多年来形成的光荣传统。回顾历史，那些曾在各自的艺术流派做出非凡成就的美术家，如徐悲鸿、林风眠、刘海粟、潘天寿等，无一不是一边积极创作，一边不断总结梳理，将自己的创作经验和优秀作品结集出版，为后人留下宝贵的精神财富，在美术史上留下浓墨重彩的一笔。对于国家和社会而言，站在两个一百年的时间节点，借着建党一百年的春风，将那些德艺双馨的美术家的艺术成就结集成册呈现于世人面前，无疑是为新时代中国特色社会主义文化大发展、大繁荣献上的厚礼。

　　人民美术家根植于人民，为人民树碑立传，为人民发声，他们"为时代画像，为时代立传，为时代明德"，定将无愧于人民的重托，创作出更多、更好的时代经典以回馈时代，回馈人民。北京工艺美术出版社与北京人民出版社立足全国文化中心，面向全国，以新时代德艺双馨的标准遴选艺术家，合力打造的"人民美术家"丛书，意义重大而深远。我愿把这套书推荐给读者。

（作者系首都版权协会理事长、北京市委宣传部原副部长、市新闻出版局原局长）

郭怡孮近影

人民美术家·郭怡琮卷

RENMIN MEISHUJIA GUO YICONG JUAN

# 郭怡琮

中国画家、美术教育家。

中央文史馆馆员。

中央美术学院教授、博士生导师。

中国画学会首任会长。

中国美术家协会中国画艺术委员会名誉主任。

中国艺术研究院中国画院名誉院长。

中国国家画院中国画院副院长。

中国和平统一促进会书画联谊会会长。

故宫博物院特聘研究员。

国务院政府特殊津贴获得者。

第八、第九届全国政协委员。

曾任全国美展总评委会成员、中国画评委主任。

曾获我国文化部（现为文化和旅游部）颁发的优秀作品奖。

曾在法国、美国、加拿大、日本、肯尼亚等多国及我国台湾、香港、澳门多地举办个人画展和讲学。

作品在美国纽约的联合国大厦和我国的天安门城楼大厅、人民大会堂、中南海、钓鱼台国宾馆、统战部、外交部及 20 多个我国驻国外使领馆长期陈列。

著有《中央美术学院郭怡琮花鸟画创作高研班：花鸟画创作教学》《中国花鸟画的写生与创作》等多部著作和各类画册 50 余册，并录制 33 集"中国花鸟画创作研究"电视绘画教学课程。其父亲郭味蕖是我国著名画家、美术史论家、美术教育家、书画鉴赏家。曾任中央美术学院中国画系花鸟科主任，著作丰厚，是当代新花鸟画的开拓者，在其故乡山东潍坊建有郭味蕖故居纪念馆、郭味蕖美术馆。

# 目　录

人民美术家·郭怡孮卷
RENMIN MEISHUJIA GUO YICONG JUAN

# 成长篇
## CHENGZHANG PIAN

郭怡孮先生 1940 年出生在山东省潍坊市一书画世家，郭家是名门望族，有五百年文化传承史。

其父亲郭味蕖先生是著名画家、美术史论家、美术教育家和书画鉴赏家，著有《宋元明清书画家年表》《中国版画史略》《写意花鸟画创作技法十六讲》等，在中国当代美术史上有重要地位。

1952 年，郭怡孮随父进京，就读于北京新知中学，受家庭熏陶及美术老师金玉峰先生影响，酷爱绘画。1959 年，他考入北京艺术学院，受名师指教打下了全面的绘画基础，毕业创作受到了社会好评。

郭怡孮毕业后被分配到北京一〇七中学任教。1977 年，他被借调到文化部中国画创作组，为联合国大厦、中南海、钓鱼台国宾馆、天安门城楼大厅等地和我国驻外领使馆创作了大量花鸟画作品。1979 年，他正式被调入中央美术学院任教至今。

　　中国画教学和花鸟画创作，以及各种社会活动，构成郭怡孮先生丰富的艺术人生。他所著的《中国花鸟画的写生与创作》和《中央美术学院郭怡孮花鸟画创作高研班：花鸟画创作教学》两部书，以及影像教学资料，受到社会广泛好评。

　　他是一位理论和绘画同步双修的艺术家，写过大量的文章，收录在中华书局即将出版的《怡园艺话》一书中。他的绘画有很强的理论支撑，更有自成一家的新面貌。

　　他所从事的社会工作，无论是全国政协委员、中央文史馆研究馆员，还是中国画学会首任会长、中国艺术研究院美术创作院首任院长等，他都能尽职尽力。他是新中国培养出来的第一代花鸟画家。正如郭先生自己所写的文章的标题那样"从酷爱到担当"，数十年丹青路，让我们沿着先生的足迹，来了解他的艺术历程。

# 从酷爱到担当

## ——七十载丹青路

文 / 郭怡孮

在新中国成立七十周年之际，由中国国家博物馆举办"培根铸魂，守正创新——新中国成立七十周年七十人美术作品邀请展"，并出版文献集，希望收入参展艺术家一篇"我与新中国美术七十年"的自叙，我作为新中国培养出来的第一代中国画家，是和祖国一起成长的。七十年来，伟大的时代引领着我，培养着我，也成就了我。我珍惜和新中国一起成长的艺术人生，这一路阳光灿烂，这一路也有风雨艰难，但我总是勤勤恳恳，不敢有半日偷闲。记录下这成长中的点点滴滴，既是对自己的总结，更是向祖国的汇报。

1940 年，我出生在山东省潍坊市一个书画世家。父亲郭味蕖自幼习画，青年时期受"五四"新文化思想的影响，考入上海艺专学习西画，后又进故宫博物院古物陈列所国画研究室，在黄宾虹等先生指导下深研传统。"七七"事变后，他返回故乡，在家乡沦陷前积极从事抗日宣传活动，举办抗日画展，演出抗敌戏剧，

并担任编剧和导演。家乡被日寇占领后，父亲留起长髯，深居简出，一心研究金石书画。

1948 年春潍坊解放，我 8 岁，刚刚记事，有一件事我印象特别深刻。潍坊市第一任市长姚仲明同志（是我父亲在山东师范任教时的学生，后来去了延安参加革命）告诉我父亲一件喜事："您儿子郭基琮通过组织查找已经有消息了，他 1947 年春天就到了解放区，化名陈至，进入鲁迅艺术学院学习，已经在戏剧系和美术系毕业了，现在是光荣的人民解放军的一员。"姚市长紧接着说："家乡已经解放，他很快就会和家里联系了，放心吧。"我们全家人都特别高兴，我看到母亲的脸上出现了笑容，父亲也一改他沉默寡言一心绘事的常态。姚仲明市长希望我父亲为刚刚解放的潍坊市（当时叫潍坊特别市）的恢复、建设、发展做好带头工作。我们全家像迎接亲人一样迎接解放军入城。父亲主动捐出土地，让出家里的地下室，作为解放军前线指挥部，积极协助新政府工作。父亲

放下了他画梅兰竹菊文人画的笔，拿起大排刷，走上街头画巨幅宣传画，创作了《前进中的潍坊市》组画。他组织了新中国成立后第一个全市美展，担任首届市美协主任，出席潍坊市各界人民代表大会，又出席了在济南举行的山东省第一届文艺工作者代表大会，认识了许多从解放区来的艺术家。这一切我都看在眼里，记在心上，满满的都是正能量，我从心里开始喜欢美术，并且开始学画。

1951 年，经徐悲鸿院长推荐，父亲到新成立的中央美术学院任职。徐先生在上报的"中央美术学院聘任核定表"中亲自填写了"郭君对于中国遗产问题已有著作多种，所涉颇广泛，倘给予机会集中精力为之，当有成就。"几句话。这从根本上改变了父亲的命运，进入中央美术学院研究部，即"中国美术研究所"的前身，从此开始了紧张而有序的学术研究，《宋元明清书画家年表》和《中国版画史略》两部大书都是在这时完成的。一九六〇年后他转入中国画系任教，开启了一生中最具成果和最有活力的时期。

1952 年，我也来到了北京，就读于新知中学（后改为北京市第二十三中学）。我遇到了一位使我感念终生的美术教师金玉峰先生，我对他崇拜至极。我最喜欢上他的课，加入了他辅导的课外美术组，经常随他外出写生，真是到了痴迷的程度。我经常受到金先生的表扬，有一次他拿着我的一幅写生画讲评时，说："我们这位新组员画的色彩非常明快，明朗热烈，我想他为人也是很热情的。"哇，我当时有一种莫名的感动，画还和人联系起来了，心里热乎乎的，这种感觉影响了我一生，我从心底里

追求热烈、向上、阳光。

初中毕业的时候，班主任老师在我的毕业操行评定一栏中写道："该生酷爱美术，希望在此方面有所发展。"命运似乎眷顾我，我如愿以偿，在美术这条道路上奋斗了一生。

我学画是从写生开始的，是从写生入门的，对于生活和绘画的关系，在我心里似乎从小就将它们牢牢地联系在了一起。我的艺术创作离不开生活，离不开自然，离不开到大自然中手写心记。大自然是我艺术创作的源头活水。

记得 20 世纪 50 年代初，中央美院经常组织教职员春季、秋季写生，父亲曾带我参加过在十三陵、八达岭等地进行的写生活动，和美术学院的老师们一起画，真开心。父亲在八达岭的路上见景生情，即兴赋诗，我记得有"骑驴过山峡，处处野桃花"句。初春的居庸关下，长城逶迤，山花烂漫，心中充满着阳光，这就是我少年学画的记忆，知道了画中国画要带有点诗意，也知道了要从大自然中来，得江山之助的道理。

我年轻时最喜好水彩，对中国画似乎没有什么感觉，就是对齐白石这样的大画家的画也看不出好来，认为中国画离现实比较远，很陈旧，年轻人怎么能画中国画呢？但有一次父亲画的一幅画，改变了我对国画的看法，这要从我参加的一次国庆活动说起。那一次我参与在天安门广场放和平鸽的环节，头天晚上我把我负责放飞的两只鸽子抱回家，父亲当即用毛笔写生，画面上为鸽子的翅膀上包着红绿绸子，特别喜兴，又画上一大串鞭炮，题字是"和平之声"，那是父亲的一幅写生创作。我突然感到中国画也有这么大的魅力呀，国画也能这么

好地反映现实、表达心声呀！我开始喜欢中国画了。但这种转变绝非一蹴而就，真正认识到中国画之优长，认识到中国人更应该懂得中国画，真正做到以中为主，洋为中用，这是一条漫长的民族文化滋养的学习之路。

1959年，我高中毕业，考取了北京艺术学院美术系，下决心要一生从事美术事业。虽然北京艺术学院在1964年院系调整时合并到中央各大艺术院校了，但从艺术教育史上看，那真是个了不得的学校。这是新中国第一所综合艺术大学，有美术、音乐、戏剧等系专业，学校设在恭王府，应该是世界上最有特色的校园了，但我更喜欢各艺术学科综合在一起的艺术氛围。这里有那么多我崇拜和喜爱的老师，现在说起教过我的美术系的这些老师的名字，我都会从心底感到骄傲。卫天霖、李瑞年、张安治、彦涵、俞致贞、高冠华、白雪石、吴冠中、阿老、张大国、邵晶坤、罗尔纯……他们手把手地教，从基础理论、基本技能，到为人为艺。伴着最好的学习环境和学习气氛，我忘情地投入学习之中，那是中国人民斗志昂扬的时代，那是党号召知识分子向科学进军的时代，也是生活困难时期，那时候真正知道了饥饿是什么滋味，但能抗击饥饿的是对知识的渴求。

我在大学期间，素描、油画、版画、国画、装饰、设计什么都学，为我日后创作打下了比较全面的基础。后来分科学国画，人物、山水、花鸟全学，最后专攻花鸟画。大学毕业时我的一幅创作受到了领导的表扬，时任北京市委文教书记的邓拓同志，看了我在北京市美展上展出的《山泉》一画十分肯定，他在《北京日报》上发表的文章中说："郭味蕖、郭怡琮父子同

台展出，特别是郭怡琮画的燕子花生机勃勃，大有出蓝之概。"这"大有出蓝之概"是对我的鼓励和鞭策，是压力更是动力。

1962年，我大学毕业，被分配到中学任教，一教就是17年。工作不久，我就参加了2年"四清"工作，任顺义县"四清"文教工作队队员，我们分团负责2所中学、17所小学和1个卫生院的工作。那时叫"登阶级斗争战场，赴人民公社课堂"。在那个非常时期，我初踏社会就能深入社会基层，受到了极大的锻炼，这成为我宝贵的人生财富。

"四清"还没结束，"文化大革命"就开始了。我最敬佩的父亲，遭受不断批斗，长期被关押"牛棚"，承受繁重的劳动改造，有病也不能及时治疗。1969年底被"疏散"回老家后，在极其艰苦的处境中，父亲不顾重病的身体，继续著书立说。他撰联"归来画兴浓于酒，病起文心壮如雷"，带病完成了《写意花鸟画创作技法十六讲》这部教材式的著作，以及大量史论文章。在家乡不到两年，父亲终因病情加重去世，时年仅63岁。1980年，中央美院在八宝山为其补开了追悼会，肯定了他一生的成就。

这一段时间是我一生中最漫长的时光，受环境所迫，花鸟画绝对不能画。在这种境况下我没有消沉，也不敢消沉，而是积极地和我教的一批中学生打成一片。这几十个学生，平日里都喜爱文化艺术，在停课无书可读的情况下，我组织美术组办画展、办板报、出小刊物、办宣传队。我校的宣传队小有名气，曾下厂下乡演出过上百场，能演芭蕾舞《红色娘子军》的片段，还被选到首都剧场演出，深受好评。我

感谢我身边的这些学生，和我一起度过了这艰难时期。他们后来谈起这段时光，都感到在停课闹革命年代没有荒废，学到了东西。很多学生后来考上了大学，事业有成，这对我来说是莫大的安慰。在这个极为特殊的年代里，我还做了点有意义的事，对得起自己，对得起学生，也对得起社会。

更要感谢我的夫人邵昌弟，她一直在大学教美术，看到我这样下去，在美术上是没有指望了，但她没有放弃我，而是默默地支持我。她对美术教育和艺术创作的全身心投入一直是我的榜样和精神支柱，那时候能有亲人的理解和支持太重要了。邵昌弟已经去世多年，最近出版了她的著作《丝路寻艺——邵昌弟写生作品选》，在北京画院召开了发行研讨会，美术界对她的高度评价使我感动，更深感她在我事业的发展上所起的重要作用。

1976 年，结束了长达 10 年的"文革"。1977 年的春天，北京市文联举办粉碎"四人帮"后的首届山水、花鸟画展，展览设在北海公园画舫斋，因参观的人特别多，应观众要求，移到中国美术馆展出。有人评论说这个展览的意义远远超出了一个画展本身，它是文艺解放的一声春雷。正因为我没有完全放弃花鸟画创作，事先有准备，所以我送的 5 幅作品全部入选，被誉为"拿了单打冠军"。其中《东风朱霞》一幅还印成了年画，发行近 10 万张。后来这个展览被许多城市邀去举办，为在外地巡展，我和白雪石先生还应邀补画了两幅大画，我画的是《万里山河一片春》。从此，我又可以公开画花鸟画了。

1977 年，文化部决定成立中国画创作组，振兴中国画。文化部中国画创作组成立的任务有三：一是抢救老画家，为国家留下一批精品力作；二是为国家重要机关，如人民大会堂、钓鱼台国宾馆、外交部及我国驻外使领馆画一批新画；三是画一批画为国家换外汇。我特别有幸能借调到中国画创作组。当时负责创作组的华君武同志和丁井文同志派人找到我，说看到了我在山水花鸟画展中展出的作品，很有新意，问我愿意不愿意到创作组去画画。我喜出望外，感觉自己是在做梦吧！我说那太好了，就怕学校不放。那时中小学都在全面复课，学校真的不敢放人。他们拿着美协的信去借人，碰了钉子。后来他们是拿着文化部艺术局和外交部的介绍信，以完成外事任务为由，崇文区教育局才答应借调。这一调就是两年多，这一段时光对我太重要了，改变了我的命运。

中国画创作组开始在友谊宾馆南工字楼，后来在颐和园藻鉴堂。这是中国画研究院和中国国家画院的前身，当时借调来的都是全国知名的老画家，两三年内到创作组画画的老画家有百余位，刘海粟、陆俨少、程十髪、宋文治、何海霞、郑乃光、关良、关山月、黎雄才、亚明、朱屺瞻、孙其峰、许麟庐、石鲁、吴作人、李可染、叶浅予、黄胄、黄永玉等几乎当时健在的大画家都来了创作组。我每天和这些老画家朝夕相处，观摩学艺。他们把我当成学生，当成年轻画友，以至于如子女一样地对待我。我当时压力特别大，在创作组领导和老画家的教诲指导下，画了许多大画，包括顺利完成了为联合国大厦画的《烂漫春光图》，至今还悬挂在联合国教科文组织大厅中。当时还完成了多幅我国驻外使领馆等重要场所的大幅陈列作品，也完成了一批出口商品画，由创作组交荣宝斋或外贸机构出口为国家换外汇。这是我一生中最紧张、最艰苦，又最幸运的一段时间。

这3年我真不知道是怎么摸爬滚打过来的。我自从大学毕业就离开了国画队伍，17年了，我那时的感觉是一个没有实战经验，又必须顶上去的战士。基本上处于"玩命"状态，一天睡不了几个小时，天天画到深夜。压力巨大，但无比幸福。

我在创作组待了将近3年的时间，这3年就像读了一部当代中国画史，由百位老师亲授，他们传授的不只是技艺，更是思想。读人，读画，读懂了中国画中蕴含的许多道理，也读出了一个中国画家的成长之路，读懂了那些成功的中国画家是什么样的滋养使他们成长为大树。我深知这一段经历是提高我的认知和创造力的重要财富。

我真正归队，是1978年正式调入中央美术学院中国画系任教。"文革"后的中国画系远不及10年前了，老先生们年事已高，远离教学，郭味蕖、李斛等先生已经去世。丁井文先生受命重组中央美院中国画系教学队伍，从美院附中调回了卢沉、王同仁、金鸿钧、李行简等骨干教师，从社会上各单位调进了贾又福、张立辰、曾善庆、蒋采苹和我等，又从油画系临时借调了李天祥、高潮、赵友萍等。中国画系教学重新开展起来。

我战战兢兢来美院报到，自知与老教师差别太大，我拼了命地学、学、学，补、补、补，赶、赶、赶，希望能做一个称职的教员，直至今天40多年了，一直处于这种状态。我先担任了花鸟画科主任，接了我父亲的班。领导安排我担任第一届研究生班的班主任，协助李苦禅、田世光先生组织教学，我利用这个机会，一边工作一边学习，也算读了个半工半读的研究生。后来又担任国画系副主任，老主任叶浅予先生语重心长地跟我说："中国画这个教学阵地太重要了！"我不敢有半点松懈与马虎，我深知中央美术学院的分量，担负着培养一代代中国画人才的重任。我上任不久，与黄润华主任、姚有多先生去浙江美院参加文化部组织的全国中国画教学会议。这是个特别重要的会，我们做了认真准备。我的发言全面介绍了中央美院自20世纪50年代起有关中国画教学体系的创建，所形成的"理论、生活、技巧同步共进""临摹、写生、创作三位一体"，这是中央美院多年探索出的综合体系，这一架构和原则得到了参会各艺术院校的认可。我在一生的教学中，也坚定地学习发展这一理念，在这条路上学习实践。

对我来说，教学真是一步一步爬坡，抓得好累。本科生、研究生、高研班、博士生，不断遇到新课题。我是中央美院最早招收实践类的博士生导师之一，教学对师生来说都是新问题。最重要的是学生既要在艺术实践上有所突破，又要在学术上取得相应的研究成果。指导学生写博士论文，首先要自己提高理论修养，教到老、学到老。每当博士生毕业答辩的时候，我都像自己在考试一样非常紧张，这就是我这些年教书的常态。

我还带过中央美术学院和中国艺术研究院的花鸟画高研班，那如同带队打比赛一样，要出成果，要出成绩，最后出版了《中国花鸟画写生教程》《中国花鸟画创作教学》两部书。

在负责中国画系教学期间，我还组织黄润华、姚有多、蒋采苹、张凭、金鸿钧共同编写了一部高校中国画教材。作为教材，由高教出版社连续出版了20多年。高教出版社的编辑说，这在他们社里也是少有的。

教学是我一生中最重要的工作。我应中央数字书画频道之邀，拍摄了"中国花鸟画创作研究"电视绘画教学课程，共33集，在全国播放。那是我数十年教学的总结，也是向祖国的汇报。

新中国成立70年来，中国画的创作面貌也发生了翻天覆地的变化，改革开放使我扩大了眼界，1990年至1991年，我曾去法国"巴黎国际艺术家城"研究访学，游历了欧、美、非三大洲，考察了欧美的许多著名博物馆、美术馆。我进行比较性研究，并深入思考，有了较为宏阔的文化视野，更加认识到中国绘画的世界价值。中国画在中西文化碰撞中艰难前行了上百年，现在经过对古今中外的融合吸收，中国画这棵文化大树更加根深叶茂。中国画以其深厚的民族文化底蕴和巨大的内化力量，呈现出强大的生命力，中国画家更是增强了对民族绘画的深度探索——我们怎样才能创造出具有民族特色和人文传统又具备现代文化特质和文化功能的新中国画。从那个时候开始，我在更高、更广的视野上，积极地去思考一些艺术创作问题。

从世界当代文化的高度来探索中国画的民族性，探索东方美学对当今世界的贡献，同时又要从民族立场上来探索中国画的现代之路，探索中国画对人类精神生活的现实价值，这或许也叫自觉的时代担当吧！于是我展开了想象

的翅膀，打开了思想的闸门，在自由的天地里耕耘。

我大胆提出了"大花鸟意识的觉醒"，那是我中西比较后的心得。我认为中国花鸟画中的精神内涵，比起描写同类自然题材的西方绘画来说，要大得多。我们中国的花鸟画，不是图谱，不同于西方的植物画、静物画，之所以提出"大花鸟"的概念，在于高扬中国花鸟画的精神本质和文化内涵，这是文化自觉自省的表现。中国花鸟画不屑于那些小情小调、浅层肖似、表达一己私情的小境界，而是拥抱自然、拥抱社会、拥抱生活的不同凡响的民族艺术之花。它是中国诗情对自然的现代朗照，充满中国审美的幽情壮采，花鸟画家一定要具备这种信念和心态。我有了这种认识以后，我的创作风貌确实有所改变，更大气了，我的信心足了，胆子大了。

我提倡"创造主题性花鸟画"，我认为花鸟画在歌颂生命、保护环境、呼唤和平、弘扬人性，这些当代和未来的重大主题，会从特有的角度表现得更加深刻，具有更加感人的力量，奏出更加和谐的时代乐章。我为中南海接见大厅画的《春光图》，为天安门城楼画的《河山似锦》，以及《赤道骄阳——我的内罗毕宣言》《罗霄山花》《天地和同》《日照香江——为1997年香港回归而作》，都是典型的主题性创作。当年《日照香江》在香港会展中心展出时，一位老人即兴赋诗道："紫荆花发万千丛，此花向阳与舞风，活脱五星旗一面，扯旗山下扯旗红"（扯旗山即香港太平山）。花鸟画不是直接可以反映现实、歌颂时代吗？

我提出了"你的野草也是我的花园"表达

我自然观的主张。我把表现大自然原始的生命形态，把表现大自然赋予生命的强韧力，定为自己的创作使命。我的创作指向和审美情趣是塑造浑然和谐的生命整体，那蓬蓬勃勃的山野之气，那生生不息的天地精神。我创作的《雨林深处》《昨夜又梦文殊兰》《与海共舞》《翠微山下》《春水无浪，春渚幽香》《半是浓妆半淡妆》等，都是在这种自然观引领下的深切感悟，追求生命、生机，追求节律、动感，追求气韵、气势。这种理念使我投身到大自然的怀抱中，走进那闪耀着生命光彩的植物群落，去吸取那最鲜活、最本源、最感人的生命精神。

我提出了"技法重组"和"写交响曲"的创作主张。"技法重组"是我在我父亲提出的"三结合"，即"花鸟和山水相结合、工笔和写意相结合、泼墨和重彩相结合"的基础上而提出的，把已有的种种传统技法通过结合重组，而产生一种新技法、新风格、新面貌。于是我想到了音乐方面的独奏、合奏和交响曲，时代需要洪亮、壮阔的中国画交响曲。

1996 年和 2012 年，我在中国美术馆举办了两次大型个人画展，观众普遍反映我的视野比较大、作品气象比较大，这也得于我想用花鸟画试写时代的交响曲。时代的发展使我能立足于当代文化所产生的历史视野和文化视野，较之古人更加开阔，这是从大传统的灵山慧海中涌现出的一种新的文化追求。

这些思考可能谈不上什么理论高度，但都是我亲身感悟，用心、用情、用力思考所得，都是我思想解放的结果。时代给了我想象的翅膀，给了我自由创作的空间，也给了我努力探索、回报时代的勇气。

这些年来，除了努力教学和认真创作，我还尽可能地从事社会工作。作为全国政协委员，作为中央文史研究馆的馆员，作为中国和平统一促进会书画联谊会的会长，我深感光荣和责任重大。我最大的感受就是努力使自己具有宏阔的文化视野和自觉的时代担当，无论是政协委员的建言献策，还是文史馆员的存史资政，对我来说都是学习提高和报效祖国的时代使命。

自 20 世纪 90 年代起，我担任中国美术家协会中国画艺术委员会的副主任、主任、名誉主任。2012 年，经过长时间的积极筹备和充分酝酿，经国务院民政部、文化部批准，中国画学会在人民大会堂正式成立，中国画家有了自己的专业组织。我荣幸地担任了第一任会长，为了积极推进中国画的大繁荣、大发展，全体学会成员团结一致，紧跟时代，不负众望。

70 年来，时代在召唤，心中的使命在支撑着我不断学习、不断成长，不断提高自己对美术事业的认知、对美术创造方法规律的把握、对美术教育的理解，以及对世界文化格局的思考。不辜负国家的培养，跟上时代的步伐，心中始终有一种艺术之美、信仰之美、崇高之美激励着我，不忘初心，砥砺前行。

# 一路看花到几峰

## ——关于花鸟画发展的思考

文 / 郭怡琮

去年游学欧美非三大洲，作为一个以表现自然景物为主的中国花鸟画家，我特别注意外国人是如何表现这类题材的，是如何观察和思考的，他们的艺术观念和审美情趣与我们的异同。回国后不久，我就参加了院"花鸟画教学大纲"的编写工作，又投入了花鸟画家郭味蕖故居陈列馆的筹展工作。紧接着应全国美协的邀请我参加了首届全国花鸟画展的评选和全国花鸟画学术研讨会，不但有机会看到大量花鸟画新作，而且听到不少很有见地的发言。对我来说，真有"一路看花到几峰"的快感，这一系列的实践活动为我提供了全方位思考的可能，在这里我愿意把一些不成熟的想法写出来以求教同道。

### 发扬"大花鸟"精神

中国花鸟画不但有悠久的历史，而且在世界艺坛上独树一帜，它的表现天地十分广阔，内涵十分丰富，与外国表现同类题材的画相比较时，我胸中时时自豪地涌现出一种"大花鸟"意识。

何谓"大花鸟"，先就题材而论，中国花鸟画的题材几乎无所不包，花卉、翎毛、走兽、蔬果、鳞介、草虫、树石、器物，还有那些与动植物生长和生活有关的一切环境，如坡石水口、林莽草地、巉岩巨石、池沼溪潭、篱落棚架、葛藤藓苔，以及四季、风雨霜雪等，可以说，除人类本身形象之外，自然界的一切都属于花鸟画的表现范畴。

但是只从表现题材内容来看，尚不足以说明其全部内涵，在中国花鸟画家笔下，花鸟画不只在于表现花鸟本身，更重要的是画家们把花和鸟这些自然形态作为抒发和表达人的意愿的媒介，由于缘物寄情花和鸟等自然的景物成为表达作者情感的语汇。观者则是沿着生机勃勃的画面所提示的信息，去体会作品所包含的丰富内蕴。花鸟画家巧妙地运用了比、兴、喻、借等手法，去表现自然和人的关系，使人、自然、艺术成为不可分的整体，那些单纯描绘花和鸟的自然美的绘画，并不是画家所追求的最高境界。花鸟画家通过富于情感和生命的花鸟形象来表露自己对自然界、客观实际以及对社会的客观法则的体验和认识，来反映社会情调和气氛，具有很强的思想性。给观众的不只是知识或注释，更有启示、陶冶、震撼和唤起。

我认为这应该称为"大花鸟"精神，花鸟画不但有高低、雅俗之分，而且还应该提出一个"大小"的概念。这种"大花鸟"精神，就使画家在创作之前，首先从广义考虑，要有一种强烈的宏观意识。追求总体精神和气势，追求天机天趣，表现大美，表现那生生不息的宇宙精神。这样即使画小景，也会有大寄托。仅以一小画为例，于非闇先生曾画过一幅兰花，只画了一花一叶，因为事先有"一花一叶，天下皆春""一花一世界"的立意，我想于先生创作时对这一花一叶一定给予了极大的心灵关注，一定特别注重内在精神的表现，其上寄托着新的生命和力量，因此这幅小画也就十分扣人心弦，这应该说是一种"大花鸟"精神。

这种"大花鸟"精神，不但立意开阔，而且还有着非常宽广的艺术追求，尚趣、尚气、尚势、尚力、尚韵、尚法，给人以极大的艺术震撼力。

从历史发展来看，花鸟画在近百年来，以其特有的发展形成了中国绘画史上的新高峰。在中国传统绘画从传统转入现代这一过程中，花鸟画起步是比较早的。正是这种"大花鸟"精神，使花鸟画更具有现代绘画的精神性、更

具有技法的自由性，在表达人的意念与情感、在生命信息的传达方面十分有力。

值得注意的是现代许多花鸟画作者缺乏"大花鸟"意识，仍然在花与鸟的狭义内容中打圈子，仍然停留在描写花鸟虫鱼的形态上，停留在因袭前人的笔墨程式上，而使花鸟画的路子越走越窄。我认为跳出花鸟形象本身，培养"大花鸟"意识，从直观感想的摹写，到活跃生命的传达，到最高灵境的启示；从生理的境界，进入心理的思维，使花鸟画成为拥有无穷生命力的艺术，这正是我们当代花鸟画家的重任。

如果说在历史发展的长河中，这种"大花鸟"精神是自发发展形成的，那么当代花鸟画家则要自觉地将其发扬光大，并从理论上对其加以阐述。

还应该看到，虽然古代大师精通笔墨三昧，并有上下五千年、纵横八万里，读万卷书、行万里路的宏观意识，但由于时代的局限，无论是在纵向的研究和横向的对比方面、在深度和广度上都不如当代。古代的文明造就了古代的大师，当代人类文明为我们提供了更广阔的视野，从民族与世界文化的高度，造就具有现代意识的花鸟画家是时代的要求。

## 创立新程式

传统的中国绘画具有十分完美的程式和严格的法度，花鸟画更不例外，只有新程式、新法度、新意境的创立才标志着新发展。新程式的创立基本上可以通过两种方式来完成：一是

历代画家对生活的提炼，将自然结构变化为中国画的笔墨程式；一是画家对前人创造的笔墨程式加以改造、融合而产生新的程式。

无论是从旧程式演化成新程式，还是从生活中提炼程式，都是艺术创造，但两者所采用的思维和创作方法却有所不同。前者是在自身体系内部推演变化，是对原有程式的推陈出新。这要求对传统精神和传统技法要有较全面的认识和掌握，运用理性思维。历史上虽然有不少人做出了成就，但难度极大，特别是在当今中国画各种技法已经演变得非常丰富、精细、成熟的时候，应该怎么办呢？我从近年的花鸟画创作中看到许多作者，为了更准确地表达自己的意念，打破了各种常用技法的界限，"不择手段"，也就是择一切手段来灵活运用各种方法，找到了技法之间的契合点，避免了多种语言结合后的混乱，创造了新的艺术语言。技法经验可以是旧的，而这种选择、运用、重组应该是创造性的。还有一些画家，试着把传统技法分解，强化某一方面而得到新的效果。无论是重组还是分解，都是一种可行的现代技法意识。但是我们应该看到，这种方法主要局限在原有程式的内部，特别注重对原有技法的继承，以临摹前人作品为主要学习方法和创作方法，在一定程度上排斥画家对个人新鲜生动的生活感受的描写，许多人将自己的努力完全投入在对原有程式与法度的学习继承上，如果没有较高的见地与修养，往往难逃旧有程式。

从生活中提炼新程式的方法，主张画家将对社会生活、自然生活的直接观察与体验作为创作的重要手段，在此过程中完成信息的转移与物化——创造出与之相适应的绘画形式语言。这要注意不断培养自己高度敏锐的感受能力、创构能力，包括对情感经验的形象传达能力和潜意识内容的象征表达能力。

从历史上看，唐宋时期，花鸟画以写实、写生为主，重视表现生活。宋元以后，文人画兴起，崇尚写意。文人画的兴起本是绘画的大发展，利于更深入地对现实事物作本质的表现。由于在流传过程中极度的定型化而走向衰微，一些画家严重脱离了生活，因袭成风，把好的传统变成了陈词滥调、故步自封并逐渐形成了很大的习气，严重阻碍了花鸟画的发展。近百年以来有见地的花鸟画家又重新转向生活进行开拓，给花鸟画的发展带来了新的生机。

从整体发展来看，两种发展形式是互补的，对一个创造型的画家来说两种能力都是必须具备的。但我认为，当前更加重视从生活中创造，已经成为时代特点之一，其中一个重要的原因就是人们更愿意看与现代人情感产生共鸣的作品，画家无论如何临摹古人的作品但有些现代感情也是无法感受得到的。这就需要到生活中去，用新思想、新观念，去分析、研究、体察和发现自然界中的生活情趣，以创造新的程式。

我们应该认识到，中国花鸟画的程式化是很强的，程式是一套相对稳定的艺术语言，上升到程式的高度标志着艺术的成熟，它还是艺术形式中最稳定的内在结构之一。要认真研究那些已经形成的程式，并从生活中创造新程式。在创造新程式时，要注意保留传统笔墨形式的基本要素，保留民族的传统文化传承，因为这是特定民族文化历史的积淀，这正是摆在我们当代花鸟画家面前的重大课题。

## 你的野草是我的花园

"你的野草是我的花园"，这是一位法国园林家提出的新园林观，这一观念正在被更多的法国人所接受，这使那整齐的宫廷园林模式只能保存在古老的历史建筑中了。

这一观点引起我很大的兴趣，因为与我的花鸟画创作观不谋而合：崇尚自然、营造多彩的大自然，把表现大自然赋予生命的强韧力定为自己的创作使命。我的创作倾向和审美情趣，是在塑造浑然和谐的生命整体，所表现的多不在于形象本身，而在于一种精神和气质的美，那蓬勃的山野之气和生生不息的精神。这与我的自然观是很有关系的：我认识到人与自然的关系，随着历史的演变，发生了很大的变化。远古时代人类对大自然恐惧、崇拜。宋元时期画家痴坐山林水滨，妙悟岩壑林泉之美，同时把大自然也变成了逃避现实的场所。近代人利用、改造自然，也严重破坏了自然。社会发展到今天，人们醒悟了人与自然的关系应是一种十分和谐的关系，人类更加热爱自然、亲近自然、保护自然，不仅是为了维护生态平衡，也是为了维护人类本身心理上的平衡。大自然和我们难解难分的关系，不仅有生活上的关联，而且是我们精神上、情感上的重要组成部分。

我认为一个画家的自然观是极其重要的，

它制约着作者的思想和情感，更制约着创作走向。这些年来我多次进入热带雨林，我从茂密、葱茏、繁复中，去寻找生机、生气和有节奏、规律的美，去寻找花、草、树、石、苔、水、藤等有机的组合美，去寻找色彩斑斓、艳丽、强烈中的和谐美，去寻找那竞生存、争芳斗艳的草木精神，去寻找那不知春夏秋冬、打破了自然规律的神奇的美。去年我进入非洲原野，那壮烈的自然风貌使我振奋，气氛的感染、色彩的诱惑、生命的启迪、灵感的激发，使我产生强烈的表现欲望。同时我也发现，无数的外国旅游者同我一样，都陶醉在这壮美的大自然中。

当前社会发生了巨大的变化，迅速运转的快节奏现代生活，把大自然和人心拉得更近，人们的自然观也发生了深刻的变化，为花鸟画家更好地反映时代精神创造了条件。这次全国花鸟画展无数优秀作品的出现，也反映了画家们自然观的变化而带来的审美取向的不同，所表现的不再是草木鸟兽本身，而是画家心灵对自然的现代映照，是经过深刻体验而升华了的草木精神。那些旧形式的重复，不断重复别人、重复自己的作品，再也引不起人们的兴趣了。

## "灰箱"的启示

在巴黎举办个人画展时，《欧洲日报》以"幽情壮采的'灰箱'——访著名中国画家郭怡孮"为题发表文章说："现代控制理论中的灰色系统理论是中国人邓聚龙教授创立的；

花鸟画中的三个灰箱是中国人郭怡琮教授开启的。中国传统文化使中国人在整体构架中的'灰色地带'，表现出得'祖'独厚的高智商。"什么是"灰箱"呢？原来现代控制理论对完全确知的系统谓"白箱"，完全不知的系统谓"黑箱"，介乎这两者之间的是"灰箱"。

作者把我的画称为"灰箱"，是说我的画处在追求中界状态，从两极之间去探索、去开拓。文中说："郭怡琮以工笔和写意为两极，求索中界态的'灰箱'；以精致的工笔绘如美人明眸的花蕊，烘托的枝叶与背景，则以写意表现，两者化合成既似又不似，既认真又不认真的新花鸟画程式。"又说："他在始于中国唐朝李思训的重彩和王洽的泼墨中间，独启'灰箱'；互用植物性的透明色和矿物性的不透明色；常以勾勒、勾填、重彩显现细部，以泼墨布成体势；如此色彩与墨华的辉映，获得了色彩的浓丽、水墨的氤氲等独特的画面效果。"文中又说："为追求幽微的空间层次，逼他向自己提出另一个'灰箱'的问题：将坡石水口、远峰近岸嵌入烂漫花鸟画的夹缝中，谓之'掏孔做远'，近取景，远取势，表现出两三个空间层次来，也就是寻求山水画与花鸟画两极间的丰富的中界。"

工笔与写意、泼墨与重彩、山水与花鸟相结合的创作方法，是我父亲郭味蕖较早提出并实践的，我又在这条路上求索了10年，结合不是拼合，确实是在两极之间做大千文章。我高兴的是我们两代人所做的努力，竟也被外国的艺术评论推到了如此的理论高度。

这也促使我较深入地去思考，我感到整个中国文化似乎有一个奥秘统摄者，那就是在两极之间寻求一种和谐。中国画既是主观的，又是客观的；既是具象的，又是很抽象的；既有再现的因素，又有表现的因素。不同于西方的绘画，要么具象，要么抽象。在发展的过程中，中国人善于融汇，如在中国画的发展过程中：文学入画，诗歌入画，书法入画，金石入画，近代西方写实技巧、色彩以及构成等，逐渐被融入吸收到中国画中，使其日臻完备并不断发展。外国人善于革新、不喜欢重复别人，我这次初到欧洲时，看到五光十色的艺术作品和艺术现象，总想把它们归入哪个流派或某种技法，实际上这是很难的，画家们都在急于创造一种完全属于自己的意境与心境的艺术形式，往往是在对抗中求发展、各流派自生自灭。中国人善于在相互对立排斥的因素中求得和谐，从某种意义上说，中国人在艺术上善于开发"灰色地带"，产生中介状态上的艺术，中介是朦胧的、迷离的、弹性的，因而也是十分丰富的。

我又想到在中西画的融汇上，中间地带是十分宽广的，既然中国人在"灰色地带"的开发上，表现出得"祖"独厚的高智商，那就应该尽力去发挥，我相信在创造东西方都能接受的现代绘画语言上，在寻找那东西方绘画心有灵犀一点通的地方上，中国画家具有天生的优势。

# 中国花鸟画的
# 优良传统和当代风采

文 / 郭怡孮（泰国讲稿）

中国画是中华民族的优秀传统文化之一，已经具有1000多年的历史。它是东方绘画的代表，与西方绘画比较，由于文化环境、地理环境、历史发展的不同，成因也很是不同。西方绘画的形成受到西方哲学、建筑、雕塑、科学（包括物理学、光学、透视学、解剖学）以及工具材料等的影响，具有很强的写实性，在表现形体质感、立体感等方面具有很明显的特点。中国画则受中国哲学、诗歌、书法、材料工具的影响，深具"写意性"。

## 一、"写意"是中国画的艺术观、创作观

"写意"二字，从字面上看，包括"写"和"意"两个基本方面，可以简单理解为以书写的笔法来描绘胸中的意象。写意是中国画家的艺术观、创作观，是区别于西方画家的独特的艺术观。

"意"是指画家对于时代、民族、社会、自然等的深邃体察之总和。它是一种意识，一种精神，一种凝练的感情，借助于客观物象和笔墨技法表达出来，立意为象。

早在1000多年以前，中国画的写意观已经基本形成，并在理论上不断地丰富和发展着。"外师造化，中得心源""迁想妙得""意在笔先""缘物寄情，物我交融""神遇而迹化""似与不似之间"等，都是中国画写意理论的精华。

在写意理论的指导下，中国画客观真实，又有很强的主观性；既有具象的内容，又有抽象的概括；既有再现的因素，又有表现的因素。这些对立的因素在中国画中没有互相排斥，又不是机械地拼凑，而是有机地合成为一种审美要求。

写意观使中国画具有极大的容量，画家不但去表现物象的形态和精神，还写自己的意。画家可以自由地把所见、所知、所感、所想，经过思维加工，综合成一种宏观意识，这一意识借助笔墨表现出来，能较完整地反映客观物

象并能充分揭示画家的心理世界。

## 二、中国花鸟画——世界画坛上的一朵奇葩

我在这里重点介绍中国画中的"花鸟画"，这是世界画坛上的一朵奇葩。

西方绘画从表现内容分为人物、风景、静物。中国画则是分为人物、山水、花鸟。西方绘画中与中国花鸟画相对应的是静物画，静物画所描绘的多是案头的景物，是插在瓶中的花、各种器皿、蔬果和禽鸟。中国的花鸟画，画鸟要画飞鸣食宿，画花要画风晴雨露、活色生香，题材范围十分广泛，表现的意境更为深远。

中国花鸟画不但在表现题材上可归纳为花卉、翎毛、走兽、蔬果、鳞介、草虫、树石、器物（博古）等，还包括与动植物生活和生长有关的一切。自然界的一切，都属于花鸟画的表现范畴。如果只从题材内容来认识中国花鸟画，尚不足以理解它的全部内涵。为什么花鸟画在中国能发展成为一个独立的画种并千年不衰？

中国花鸟画对精神性内涵的表现方面独具特色。表现在以下三个方面：1. 中国花鸟画描写的是生命精神，是活跃生命的传达，不是浅层次的肖似；2. 中国花鸟画把表达作者的精神、情感定为第一要素；3. 中国花鸟画追求较深的文化内涵，在反映人与自然、人与社会、人与环境等诸多方面着力。

中国花鸟画家用"花、鸟、树、石"这些自然景物来创造意境，来表达人的意愿和情感。自然景物化为表达作者情感的媒介。那些仅仅单纯描绘花鸟客观美的作品，并非画家所追求的最高境界，画家通过富有情感和生命的花鸟形象，来表露自己对自然界客观实际以及对社会的客观法则的体悟和认知，来反映社会情调和气氛，并巧妙地运用比、喻、兴、借等手法，充分地使用笔墨技巧，淋漓尽致地反映出自己的思想和情感，这才是中国花鸟画的精髓，也是它能千年不衰、持续发展的生命力所在。

中国花鸟画更是借动植物来发人之情。郑板桥画竹题了"衙斋卧听萧萧竹，疑是民间疾苦声。些小吾曹州县吏，一枝一叶总关情"。在这里萧萧竹声变成了板桥心声。齐白石画白菜图，题了"牡丹为花之王，荔枝为果之先，独不论白菜为菜之王，何也？"白石老人审度事物的情感一看便知，这就不是仅仅在画几棵白菜了。中国画家非常喜爱表现的梅、兰、竹、菊，被称为"四君子"，这是对精神和气节的颂扬。

## 三、中国花鸟画——千年不衰，名家辈出

远在魏晋南北朝和初唐时期，已出现了不少以描写花鸟为题材的作品。到了唐代中晚期，花鸟画逐渐成熟，与人物、山水画三分天下，形成鼎足之势。

五代时，后蜀的黄筌和南唐的徐熙，以不同的创作技法和个人风貌，使花鸟画从此分为两大流派。黄筌派形成了以勾线染色为主、造型严谨工整、色彩艳丽的工笔画体系；徐熙则是重水墨、重意境、重笔迹，超脱淡逸，开写意花鸟画之先河。

元明两代，文人水墨画成为花鸟画的主流，作者多是学者、诗人，又是画家。文人画重表达观念和情感，畅神、抒情、寄兴。在题材上也有所偏爱，梅、兰、竹、菊、松、石等被用以人格化地表现情感和精神。

文人画的强烈的精神性和哲理深度使写意花鸟画更臻完善，并孕育着新的发展。明清以来，直至近百年，花鸟画形成了中国绘画史上的一个新高峰。徐渭的大写意花卉，泼墨淋漓，水晕华滋。陈白阳花鸟画淡墨渴笔，朴厚净练。八大山人花鸟画造型奇肆，笔墨恣纵，极具强烈的自我意识。恽南田花鸟画粉晕水渍，清丽润秀。清末扬州画派，那奔放的思想和时代的情感倾泻在花鸟画创作之中。近代赵之谦花鸟画色彩浓丽，构图饱满，以篆籀笔法入画，雄浑古朴有金石气。任伯年技法全面，笔墨出神入化。虚谷在参禅悟化中蜕变出来的线条，带有清新的现代气息。吴昌硕以古篆和草书入画，浑朴天真，气势逼人。

当代花鸟画家齐白石、张大千、于非闇、潘天寿、李苦禅、王雪涛、朱屺瞻、郭味蕖等诸位先生，代表着当代花鸟画达到的最高水平。他们是在新旧社会交替、新旧文化大变革的时期，勇敢地担当了承前启后的重任，是传统花鸟画的继承者，又是新花鸟画的开拓者。

## 四、中国花鸟画——技法丰富，流派纷呈

中国花鸟画在技法上又有些什么特点呢？在用笔、用墨、构图、色彩、材料等方面，我做些具体介绍。

中国的毛笔种类很多，表现力强。在用笔方面强调笔力、笔气和笔韵。毛笔是中国画的利器。

笔力：用笔的力度是表现情感的重要因素之一。通过力度的不同变化而产生表现不同情感的线条。应该说，作者的情感在运笔的过程中一直和笔力融合在一起。笔力是笔与力的结合，是力与感情相融合的用笔技巧。傅抱石说每一笔，即他自己的生命，在某一部分或某一笔之间，宛如临阵般严重，又宛如午夜般幽静，又宛如处女般娴静，又宛如勇士般雄伟。古人讲"笔力扛鼎""力透纸背""入木三分""高山坠石""惊蛇入草""屋漏痕""折钗股"等，都是讲用笔的力度，以及和力度有密切关系的速度。

笔气：笔气和笔力是紧紧连在一起的，画时要以气运笔，气到力便到。有气就是活笔，无气则是僵化而缺乏内在联系的死笔。气脉应该在线条中循环往复地流转着、悠悠不尽地流动着。因此中国画线条最忌描抹涂改和不必要的重复，而特别注意书写性和运笔的时序性来保证气的流畅。

笔韵：笔韵属于玄虚和迷人的美的范畴，又是写意画用笔所追求的高境界，是指运笔时表达出的内在节律，是作者情感通过行笔中力和气的变化而形成的旋律和节奏。

下面再来介绍一下墨，墨是黑色的，是中国画的主色。"笔为墨之骨，墨为笔之肉。""画贵苍润，苍是笔力，润是墨彩。"墨和线同样都担负着塑造形象的重要作用。墨善于创造气氛，环境气氛，情绪气氛，中国画中所特有的

笔墨气氛，表达物象的质感、量感和空间感。

杜甫诗句："元气淋漓障犹湿"，是指用淋漓的墨气表现出大自然的氤氲，山光水色跃然纸上。董其昌评黄子久的画说："峰峦浑厚，草木华滋"，也是指用墨创造了满纸蓊蓊郁郁、苍苍茫茫的浑朴生气。

下面再来介绍中国画的色彩，中国画色彩分为淡彩和重彩两种，按照制取来源又可分为植物颜料、矿物颜料和动物颜料。淡彩是比较清淡透明的色彩，有点像西方水彩，多用植物来制成，如花青和藤黄。所谓重彩，是指由矿物提炼研磨而成的颜色，如石青、石绿、朱砂、朱磦、银朱、石黄、铅粉、金、银等。矿物质颜料厚重，覆盖力强，色彩辉煌艳丽又浑厚沉着，还不褪色。

写意花鸟画的赋彩受中国画写意观的影响，既是主观的，又是客观的；既重视自然色彩，更强调主观精神色彩。色彩在花鸟画中起着举足轻重的作用。

再来谈构图，构图是近代美术用语，中国传统称为"置陈布势"，也叫"经营位置"。一幅画的构图，如一座建筑物的梁柱，起着重要的骨架作用。又如下棋一样，灵活而多变，稳健而奇特。

画花鸟画，对"势"十分重视，"取势""布势""写势"，所画物象要有一种勃发的生机，有生长之势。因为中国花鸟画一向主张表现生命，画活的、画动的、画有生命力的物象。这和西画中画静物不一样，构图时主要强调形感。而中国花鸟画就要强调动感和势感。植物都有向阳性、抱体性，这是生命的象征，因此势感很强。

势也要有变化。势有壮势、弱势，有流畅，有起伏，有抑扬顿挫，有节奏旋律，有往来顺逆，有隐显断续。一个花鸟画作者，如果缺少驾驭势的能力，就很难灵活调度画面。对势要能造、能引、能回、能破、能伸、能堵、能泻，做到这些才能掌握主动。

## 五、当代中国花鸟画应成为民族文化和时代精神的载体

当代花鸟画家又有了更为深入的追求，从而超越了传统，走向了现代，使这个古老的画种在改革开放的时代氛围中绽放出新的异彩。画家们在思考和实践着用花和鸟、用大自然来表现更为广大的社会主题，去表现现代人的审美情趣。当代花鸟画正以一个崭新的面貌去表现时代、歌颂生命、关爱自然、呼唤和平。在反映这些当前和未来的大事方面，花鸟画正显示出它特有的作用和生命力。

当代中国花鸟画家们有这样一种责任和动力，为已经渐渐疏离了的人与自然架起一座桥梁。

作为一个以表现自然生命为主的中国花鸟画画家，更要看清大自然才是我们的精神家园，也是我们人类的安身立命之地。人们普遍重视的是自然家园崩溃所带来的生存困境，往往忽视自然家园丧失后产生的精神危机。

一个花鸟画画家从大自然中能得到丰富的情感体验，能感悟到深层的生命意义和浪漫情怀，那是我们的创作源泉。通过富有生机、生

气的自然形象来表现万物的生命本质和自己的心灵感悟，来表达"天人合一"的生命气象。通过画面，表露心灵深处的幽情壮彩，就成为当前花鸟画家的第一追求。

大视野的背后，是画家立足当代文化所产生的历史视野和文化视野，是中国诗情对自然的现代朗照，是从大传统的灵山慧海中涌现出的文化气息，是从大自然中感悟到的生命精神，这使花鸟画家们的视野和境界更为扩大了。

关键是画家们用现代人的审美情趣、用新的自然观去发现、捕捉自然界中所蕴藏着的美，展现美妙的意境，发掘美好的形象和艺术形式。

近些年来，我把表现大自然赋予生命的强韧力定为自己的创作使命。植物界中所有生命的成长和繁衍都充满着神秘色彩和勃勃生机，这又无不与赖以生存的环境息息相关。大自然中强韧的生命力，那蓬勃的山野之气，更能引起我情感上的共鸣。热爱自然已成为一种强大的社会心理，开阔壮观的大自然风貌，更加适合现代人的审美情趣。人类尊重、热爱和亲近自然，不仅是为了维护生态平衡，也是为了维护人类本身心理上的平衡。大自然和我们难解难分的关系，已经由生活的关联演化成精神生活的一部分。基于这种人与自然的关系和对这种关系的新认识，我的艺术观念也有所变化，我变革花鸟画的信心增强了。

我之所以钟情于花鸟画是因为花鸟画不仅是一个画种，也是缓解当下许多人紧张、焦虑情绪以及修复心灵的一剂良药。

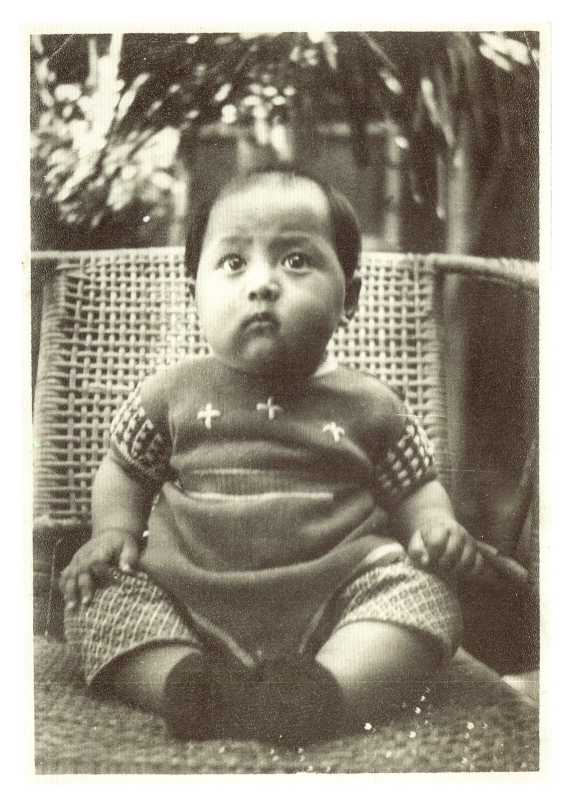

郭怡孮，1940年2月10日（农历正月初四）出生于山东省潍县（今潍坊市）
图为8个月照，由著名摄影家王卓拍摄

1 周岁的郭怡孮和母亲合影。母亲陈君琦，出身名门，擅诗文，大金石学家
陈介祺（簠斋）是其的曾祖父

1952 年，郭怡孮 12 岁，图为父亲郭味蕖与郭怡孮合影。父亲郭味蕖调中央
美术学院任教，郭怡孮随父进京，就读于北京新知中学

14 岁时第一次随父亲到十三陵写生，左一其父亲郭味蕖，后立者郭怡孮，其他人是中央美术学院的教职工和家属

16 岁时上高中，郭怡孮的父亲在家中给他拍的一张照片。相机是在徐悲鸿纪念馆新购置的双反POLLEI 120，成像效果很好

1955 年郭怡孮与姐姐、四弟、五弟、六弟
于景山公园合影

1956 年在北海公园天王殿
前拍的全家福。后排左起
郭怡孮、父亲郭味蕖、二
哥郭绵孮、大哥郭基孮（陈
至），前排左起四弟郭维孮、
五弟郭莫孮、六弟郭玫孮、
祖母和母亲

北京艺术学院校址在恭王府，是中国最美的大学校园。图为 1961 年同学们在瞻霁楼上欢迎
周恩来总理来访

美术系62届国画、版画班

郭怡琮 1962 年毕业于北京艺术学院，这是中国第一所综合性艺术大学，设美术系、音乐系、
表演系和导演系。图为 1962 届美术系毕业照，右一为郭怡琮

1962年郭怡孮大学毕业后，被分配到新成立的北京市第一零七中学任教，1962—1977年，担任美术教师和宣传工作。图为1962年一零七中学建校时的教师集体照

1977年，郭怡孮由一零七中学被借调到文化部中国画创作组，1978年被调入中央美术学院任教。图为在中国画创作组时与全国各地来的画家们合影

米粮库家中小院里种了很多花木，有夹竹桃、芭蕉、凤来仪，郭怡琮的父亲给他和邵昌弟照了第一张合影

郭怡琮和邵昌弟 1967 年新婚第一天，摄于北京天坛公园

1969 年，郭怡孮在创作中，那时画过不少人物画

郭绵琮、郭怡孮、郭莫孮三兄弟

1980年，郭味蕖先生平反昭雪，在八宝山革命公墓补开了追悼会，在中央美术学院展览馆举行遗作展，叶浅予主任主持了研讨会。图为郭怡孮、郭莫孮和母亲陪同叶浅予、丁井文、黄润华参观郭味蕖遗作展

带中央美院首届花鸟画研究生班的同学们去李苦禅先生家中拜访，前排左起
郭怡孮、赵宁安、李苦禅、许继庄，后排左起龚文桢、郎森、詹庚西、张果

郭怡孮自幼酷爱美术，中学时受美术教师金玉峰先生指教，影响一生。金玉峰先生是我国著名美术教育家。图为 1996 年郭怡孮在中国美术馆举行个人展时向金玉峰先生献花

俞致贞先生是郭怡孮的恩师，俞先生的艺术思想对他影响深远。图为郭怡孮、邵昌弟夫妇和恩师俞致贞、刘力上夫妇在其合作的大画前合影

田世光先生、白雪石先生都是郭怡孮的恩师。图为 1996 年郭怡孮在中国美术馆举办首次个人画展，请老师指教

新画册出版，请孙其峰先生指教

中央美术学院中国画系叶浅予主任对郭怡孮寄予厚望，特别是郭怡孮担任国画系副主任后。图为郭怡孮在"叶浅予师生行路团"时，聆听先生教诲

为叶浅予先生 80 岁生日画了一条丝绸围巾

1990年，郭怡孮赴法国巴黎"国际艺术家城"研学期间，壮游三大洲，极大地开阔
了眼界，也进行了深入的中西绘画比较

郭怡孮在国外研修期间，做中西绘画比较性研究，并总结了"大花鸟精神""你的野
草是我的花园""写交响曲"等艺术主张。图为郭怡孮在莫奈花园的桥上写生

在法国画家米勒的故乡,米勒画中这辆运草的车还静静地停放在麦田里

在非洲纳库鲁湖,前面是高温地热喷泉,后面是数万只火烈鸟

走出巴黎老市区，来到新城拉德芳斯，这里是现代全新的建筑，有很多当代装置，对郭怡琮的设计思维有很大的影响

1991年，郭怡孮到中央美术学院巴黎国际艺术城中的画室研修，遍访欧洲的博物馆，对卢浮宫、奥赛美术馆、蓬皮杜艺术中心进行深入研究。图为郭怡孮在卢浮宫中参观

郭怡孮遍访欧洲各大艺术胜地，他说这样才能视野开阔，才能知己知彼，才能有攻有守。图为郭怡孮在巴黎植物园的雕塑前

初到巴黎，看到处处都有雕塑，艺术受到人们的尊重和喜爱，深感文化才是社会发展恒久的动力

来到蓬皮杜艺术中心，在这里可以看到现代艺术的各流派，广场上每天都会有艺人表演

郭怡孮初学绘画时，受俄罗斯绘画影响很深，无论是契斯佳科夫、费欣的素描，还是列宾、苏里科夫、希施金的风景画，他都非常感兴趣，直到2000年才得以畅游俄罗斯去看那些名作。上图为郭怡孮在莫斯科红场，下图是他与李宝林先生在俄罗斯的合影

郭怡琮是第八届、第九届全国政协委员，曾任全国政协书画室副主任，"西部大开发，文化要先行"被全国政协评为优秀提案。上图左起是郭怡琮与吴冠中、白雪石、傅庚辰、丁聪委员，合影于人民大会堂一楼大厅。下图为郭怡琮与刘炳森委员共同商讨政协提案

郭怡孮为人民大会堂创作巨幅花鸟画《新霞》长年陈列在一楼大厅

1991年，山东潍坊郭味蕖故居陈列馆正式开馆，郭怡孮与画家们合影

郭怡孮五次访问日本，两次赴日讲学，为中日文化交流做贡献

全国美术展的中国画评委，左起王明明、郭怡孮、冯远、刘国辉、施大畏

香港回归时在香港大会堂与程十发、宋文治、吴清霞、钱君匋、方召麟、王明明等
合作大画以庆香港回归

1998年，在人民大会堂云南厅举办"纪念郭味蕖先生诞辰九十周年"，暨《郭味蕖
画集》《郭味蕖传》发行式

1998年，纪念郭味蕖先生九十周年诞辰艺术展在中国美术馆举办，全体家人合影

在郭味蕖美术馆庆典上，左起郭怡孮、邵昌弟、廖静文、郭莫孮、徐庆平

在郭味蕖美术馆落成典礼上，家人们合作大画"繁荣昌盛"，左起雷玥瑗、郭远航、郭怡孮、邵昌弟、郭玫孮、郭莫孮、郭维孮、郭葵

2008年，百年郭味蕖艺术大展在中国美术馆举办，图为家人合影

图为郭怡孮陪同黄永玉先生参观郭味蕖百年展，永玉先生向展览会赠送了用100朵白百合做成的花篮

2008年，郭怡孮陪同靳尚谊、范迪安、潘公凯、邹佩珠、王文章、胡振民等参观郭味蕖百年大展

2021年9月，在北京奥体中心数字电视书画频道美术馆举办"百花绽放——郭怡孮绘画展"

# 创作篇
## CHUANGZUO PIAN

　　郭怡孮先生的花鸟画创作，具有鲜明的个人面貌，他说："我的花鸟画创作是希望把对民族文化的思考和对大自然的热爱表现出来"，是"从大自然中来，得江山之助的"。

　　他是一位重视传承，又提倡创新的艺术家，是从传统转入现代的成功者。他的理论与实践是同步的，创新之路是一步一个脚印的。

　　早在20世纪90年代初，他在考察西方绘画的基础上提出了"大花鸟"意识，认为中国的花鸟画是透过花鸟形象来传达社会和时代的气象、情调和情趣，反映民族特色和时代声音应是花鸟画家的自觉行为。他以满腔热情拥抱社会、拥抱自然、拥抱生活，使传统花鸟画走向多元、走向开放。

　　郭怡孮先生创作了大量主题性花鸟画，如《春光图》《赤道骄阳——我的内罗毕宣言》《与海共舞》《燎原》《霓裳羽衣图》《春涛化龙图》《春雷声声》《罗霄山花》等，他认为花鸟画也可以表现社会主题，在歌颂生命、保护环境、呼唤和平、弘扬真善美的精神等这些正能量，

演奏出时代的强音。

　　"你的野草是我的花园""大麓画风"，这来自郭怡孮先生的自然观，这种思想引导他走向山野，走向那些不知名的山花野草，走向那些闪耀着生命光辉的自然界。他说："我把大自然原始的生命形态，把表现大自然赋予生命的强韧力，定为自己的创作使命，表现生命的精神气质，那蓬勃的山野之气和生生不息的精神。"

　　"技法重组""重彩写意""写交响曲"是郭怡孮先生在技法上的创新。他在其父亲郭味蕖先生提出的"三结合"的基础上，提出了技法重组的主张。他认为：传统技法可以重新组合运用，无论是水墨、重彩、浅绛，还是工笔、写意、白描、没骨，这种种形式和技法都可以根据需要重新组合，来演出时代的交响曲，时代需要大制作，时代需要交响曲，花鸟画也能写出恢宏的时代乐章。郭怡孮先生的花鸟画创作，展现出时代的新气象。

# 表现大美

## ——读郭怡孮的花鸟画

文／邵大箴

怡孮说："个展是一个画家暴露无遗的全面展示，要对得起观众，也对得起自己。我把筹备这次展览如同迎接诞生一个新的自己一样珍重。"他对待个展这种严肃认真带有神圣意味的态度，我在他展前举办的观摩会上就感觉到了，在他的作品展览会上，我就更强烈地感觉到了。他展示的几十幅新作，尤其是其中的10多幅，可谓是鸿构巨制，画每幅画都要花去几十天的时间，投入巨大的精力，更不用说殚精竭虑的构思了。可想而知这是位有社会责任感和历史使命感的艺术家。了解怡孮的人都知道，这次展览的作品有不少是抱病创作的。他真的"豁"出来了，看来这是他人生的一搏，而且是重要的"一搏"。要不，他在中国美术馆举办的这次个展，为什么一拖再拖，从1989年10月拖到1996年10月呢？当然，评价艺术家的创作，不能局限在他的劳动态度和人格品质特征上，虽然那也不是无关紧要的，因为勤奋和好的人品，本身也闪耀着照人的光辉。

在怡孮身上，这两者，即他的人格力量、品性特质，是和他的创作成果两者合二为一、融为一体的，那就更加使我们感到难能可贵和对他表示钦佩。

怡孮在探索新画风，他在变，这是大家都知道的，前几年，他发表的一些作品，已经显示出变的明显迹象。但当他一下子推出这几十幅新作时，人们还是感到很吃惊，变的幅度很大。他的一位属于师长辈的朋友悄悄对我说，怡孮的画很有气魄，面貌也新，值得肯定，但总感到有点可惜，他把他很拿手的笔墨丢弃了不少。这位朋友的话代表了一些人的看法，说实话，我乍一看他的新作，在欣喜震惊之余，也有这样的想法。岂止是我们观众，我想怡孮自己肯定有时也会闪过这样的念头。在创作准备和酝酿阶段，以至在创作过程中，他肯定思考过，思想斗争过。在成名之后，他面临两种选择：强化笔墨走传统的路和强化画面效果走中西融合的路，从而创建自己独立的艺术面貌。

他经过学习、研究和比较，终于选定适合他自己个性和艺术追求的后一条路。也就是说，为了创造属于新时代也属于自己的风格，他必须权衡得失，为了"大得"而不惜小失。

读一读近几年他写的有关花鸟画创作的文章，特别是《一路看花到几峰——关于花鸟画发展的思考》，就知道他的选择是建立在深刻的认识和思考的基础之上的。没有任何的盲目性和随意性。他的"发扬大花鸟精神"和"创立新程式"的主张，实际上是他本人花鸟画实践的指南。他指出，花鸟画家应该运用比、兴、喻、借等手法表现自然和人的关系，使人、自然、艺术成为不可分割的整体，那些单纯描写花和鸟的自然美的绘画，并不是画家所追求的最高境界；具有很强的思想性的，表露了画家对自然界、客观实际以及对社会的客观法则的体验和认识的，反映了社会情调和气氛的花鸟画，给予观众的不只是知识或注释，更有启示、陶冶、震撼和唤起的作用。他呼唤花鸟画追求总体精神和气势，追求天机天趣，表现大美，表现那生生不息的宇宙精神。他反对玩弄形式和技巧，强调内在精神的表现。怡孮尊重传统，尊重前人的创造，深知我们的祖先创造的传统中国绘画具有十分完美的程式和严格的法度，是永远值得我们学习和研究的。但是，我们当代人要立足于今天的现实，要有新的作为。我们不能妄自菲薄，退缩不前。他在充分肯定古代大师艺术成就的基础上，正确地指出："由于时代的局限，无论是在纵向的研究和横向的对比方面，在深度和广度上都不如当代。古代的文明造就了古代的大师，当代人类文明为我们提供了更广阔的视野，从民族与世界文化的高度，造就具有现代意识的花鸟画家是时代的要求。"

怡孮正是站在这样一个理论高度来认识和从事花鸟画创造的。在这方面，他承继了著名花鸟画家郭味蕖先生（他父亲）的理论遗产，并有所发挥。味蕖先生的理论和实践，以至他遭受的种种磨难，都对怡孮的人生和艺术道路有深刻的影响。怡孮带着深沉的思考和迈着沉重的步伐，历经坎坷，走进花鸟艺坛。他把学者型画家味蕖先生作为自己学习的榜样，把花鸟画当作一个完整的体系来对待，从历史演变、民族精神、艺术规律、生活实践、技法创造等方面，来思考、研究和实践。他懂得理论、生活、技巧三位一体同步共进的重要性，懂得临摹、写生和创作之间的辩证关系。他苦心钻研传统，提高笔墨技巧，更积极到大自然中去观察和体验，"用新思想、新观念，去分析、研究、体察和发现自然界中的生活情趣，以创造新的程式"。这新程式从何而来？从生活中提炼，从传统中撷取，从外国艺术中吸收，其中最重要的是从生活中提炼。包含自然美，更包含主观感受的现实体验，是怡孮花鸟画创造的基础和源泉。他的作品凝聚了现代人的感情，这就是他的花鸟画之所以有现代感的主要原因。从传统和外国艺术中撷取和借鉴，也是为了更好地表达自己的感情。为此，他敢于突破陈规，选择各种手段以至"不择手段"，把可以用来强化艺术表现力的手段和技巧融合在自己的创造之中。这里重要的是选择、组合和融为一体，这就更需要画家有学养、眼光、胆识和勇气，还需要有想象力和创造性。他的基本审美观念和艺术结构是继承中国的传统，但又大胆地吸收了西洋画的某些造型观念和手法。例如画面的整体性和视觉效果，怡琮成功地利用西画的技法，以使花鸟画和现代的建筑空间，和现代人的审美趣味相适应、相吻合。比如色彩，他从文人画以外的民族传统艺术中借鉴，并注意参照外国绘画的技巧，以使其色彩和色调更绚丽、灿烂。

"山水与花鸟相结合，工笔和写意相结合，泼墨和重彩相结合"——郭味蕖先生几十年前提出的构想，怡琮探索了、实践了，取得了创造性的成果，而且越来越"放肆"地向前突破："我不择手段，打破多种技法甚至画种的界限，不工不写，不中不西。"但是，怡琮同时有自控意识，或者更准确地说，由于学识和修养全面，他懂得如何避免不伦不类，懂得如何寻找技法的契合点，所以他的画面立意开阔，又浑然一体。他驾驭自如地使用这些手段，创造属于自己的统一风格，在这些构图饱满、力度很强、气势宏伟和色彩丰富而斑斓的一幅幅大花鸟画面前，我们感受到大自然的勃勃生机，感受到欢畅的、明朗的、健康向上的美，我们受到视觉和心理上的冲击，并从中得到一种精神上的满足，一种启示，一种激励。我们可以想象，这一幅幅悬挂在中国美术馆大厅里的花鸟画，它们在联合国大厦、人民大会堂、钓鱼台国宾馆等现代化的建筑中将如何使壁画和环境生辉，将如何启发人们更加热爱自然，热爱环境，热爱生活，热爱艺术和热爱美。

《赤道骄阳——我的内罗毕宣言》，是他在访问了非洲，走访了设在肯尼亚首都内罗毕的联合国环境总部后的一幅创作，主题为爱护生态环境，呼吁人们给后代留下一个花团锦簇的世界。是的，他的每幅画，不论是《日照香江——为1997年香港回归而作》，还是《春光图》《南岛晨光》《自有春涛可化龙》等，都有鲜明的主题，这主题是人间的真情和爱，是生生不息的宇宙精神。这大概就是他孜孜以求的"大美"。

具有严肃创作态度和活泼创造精神的怡琮的艺术正步入成熟的阶段。他的这"一搏"取得了圆满的成功。令人高兴的是，他在取得杰出成就的同时，非常清醒地意识到艺海无涯这个真理。他知道，要完善和发展自己创造的风格或模式，前面还有许多路要走，尽管那是荆棘丛生的路。这说明他有很好的创作心态，而好的心态是造就大艺术家必不可少的条件。我们期待怡琮在艺术创造上有更大的成功。

1996年12月10日于北京中央美术学院

# 山花漫野

## ——郭怡孮的主题性花鸟画创作

文/李 松

　　他胸中闪耀着璀璨的阳光，洋溢着欢快的音乐，所以笔下的画面能够那么丰富，那么娇艳，那么瑰丽。

　　1996 年 10 月，郭怡孮在北京举办的画展引起很多人的关注，也引发了一些不同的评论，这也正是这个画展的成功之处。它不一般化，不淹没在当代花鸟画创作的大潮之中。作者苦心孤诣的追求所显示的学术价值，有时比作品自身的意义更加重要。

　　对郭怡孮花鸟画作品最尖锐的批评是说他的画像"大花布被面"。我对郭怡孮讲了这种来自画界朋友并非出于恶意的评论。他很坦然，说 10 多年前已听到过这样的评价。这一反应令在旁的袁林为之一震，袁林说："一个画家听到了这样的评价仍然不改初衷地一意孤行，说明他在进行着一种严肃的艺术探索，而且有足够的自信。"

　　在画史上，清代恽寿平的写生花卉，初时也曾受到过类似的批评，李修易在《小蓬莱阁画鉴》曾讲道："陈道复写生，以不似为是，恽正叔写生，以极似为是。祝京兆云：'不解笔墨，徒求形似，正如拈丝作绣，五彩斓然，终是儿女裙袴间物，则正叔未免坐此。'不知正叔天分既高，心思又隽，求形似即所以师造化也。岂得与持稿本谨步趋者同日而语哉！"

　　意见的分歧涉及花鸟画创作写意与写实、笔墨与色彩的关系，表现手法上有绘画性与装饰性的不同追求。郭怡孮看到了美学思想上那些对立或对偶范畴的互补性。他在立足生活和传统的根基上，追求现代绘画的精神性和技法表现上的更大自由，由此而形成他所说的"大花鸟"精神和主题性花鸟画创作。"大花鸟"精神强调创作前要有宏观意识，注重总体精神和气势，追求大美，"使花鸟画成为拥有无穷生命力的艺术"。郭怡孮画展原是计划于1989 年举办的，在推迟的这 7 年中，他经历了对自己的一次超越。郭怡孮早先那些中、小幅花卉作品在艺术形式上更为完整。然而，要拓为巨幅，则必须在意境、构思、构图上作处理和绘画语言上做出大的突破，而最重要的是要强化花鸟画作品的主题性。郭怡孮说他的"大花鸟"精神与主题性创作的思路主要是承袭着其父郭味蕖先生的创作路径，同时也是受着潘天寿花鸟画作品的启迪。

大约在唐、五代时期，花鸟画就摆脱作为人物画作品陪衬地位而具有独立品位。唐代后期墓室壁画中出现了花鸟题材的屏风画样式，五代、两宋官殿有大的花鸟画屏风。在这类作品中，花与鸟的关系，一般总是以鸟兽为主体，也是画中最生动的部分。然而在郭怡孮的花鸟画中，却罕有鸟兽蜂蝶等动物出现，实际只有花而无鸟，有的连花也不是，而是草。这给构图处理带来困难，"大花被面"的批评也正是由此而来。然而，它却是出于主题性花鸟之"主题"的需要。

《赤道骄阳——我的内罗毕宣言》，既称"宣言"，应是最直接地体现作者这一时期的艺术观念。非洲肯尼亚首府内罗毕是联合国环境总部所在地。1992年，郭怡孮曾前去访问并举办画展，在那里产生了这幅画的构想。

《赤道骄阳——我的内罗毕宣言》用浓艳的大片红色和灿烂的金色，把盛开的刺桐花画得像熊熊燃烧的、跳动的火焰。画面上没有主花，他画的是一片花海，一个向四边伸展的漫无际涯的色彩世界。以此寄寓画家内心的深切期望："与自然和谐相处，保护家园。让历史告诉未来，我们给后代留下的应是一个花团锦簇的世界。"

表现社会性重大主题绝不只是人物画创作的课题，山水、花鸟画同样也可以表现得富有深度和感人的力量。维护世界和平，保护人类生存环境都是当代和未来的大事，理应在美术创作中有它的重要位置。

郭味蕖在20世纪50年代曾提出山水与花鸟结合、工笔与写意结合、泼墨与重彩结合的"三结合"主张。郭怡孮沿着这一创作路子继续前行。他在《赤道骄阳——我的内罗毕宣言》等作品中，兼蓄并融会了工笔与写意，形成一种抑纵有致的粗工笔。宋代已出现这种表现手法，到后来不断得到充实、丰富。郭怡孮的作品并未采用他的老师俞致贞、田世光等先生源自赵佶、于非闇的那种严谨周密的构图与笔法，而是依据主题需要，以比较松动、比较豪放的笔法写出，在处理大片花草形象时，不拘限于一枝一叶一花，而是着重突出花草丛生的苍莽感觉。在线与填彩之间，或留白，或用泥金勾线，令其出现闪烁发光的视觉效果，有时也用泼彩以调整色彩构图和虚实关系。

郭怡孮也有意地借助某些花卉的特殊寓意赋予作品以纪念性意义。例如他为中南海大宴会厅所作的《春光图》，这是一幅高170厘米、长430厘米的巨作，富丽而又庄重。画面取材于大家比较熟悉的南方的杜鹃花和西北的山丹丹花。老革命根据地的这些花草早已被编入歌谣，写进戏剧、小说，成为革命岁月美好的精神象征。花鸟画圈虽然强调知天知地知人知物，然而也并不拘泥。不同地理环境、不同节气开放的花卉也可用象征手法组合在一起而不露形迹。"以万物为师，以生机为运"（邹一桂），造物在天，也在画家之手。

用了朱砂、石青、石绿等矿物质颜料画于金笺纸上的这一巨帧花卉，在绘制过程中应用了勾填、勾染等技法，为了保持材质的灿烂效果，填色时将金地一一掏出，前后花去3个月的时间。考虑到悬挂的具体建筑环境，在画面布局上特别注意到上下左右、整体与局部都力求保持统一和谐和充实的效果。《日照香江——为 1997 年香港回归而作》画艳阳朗照下，一片盛放的紫荆花。作品的构思得之于作者列席全国人大，通过香港特区区徽与区花的庄严时刻之瞬间创作冲动，而直接生活则缘于 10 多年前在广州、香港对紫荆花深入的观察。深刻的寓意以金碧辉煌的装饰性绘画语言出之，赋予作品以典雅、华美的庙堂气息。画家自己总结的经验是"在装饰中求自然，在自然中求秩序，在色彩强烈对比中求和谐"。

在审美趣味上，舍简淡古雅而取热烈浓丽，固然与画家的艺术个性不可分。然而，对生活的热烈肯定，也是一个时代社会心理的反映。在色彩组合中，热烈、鲜明的色块聚合，有时会出现互相争夺而显得灰暗的感觉。郭怡孮对色彩有特殊的偏爱，并有处理色彩对比、套罩、渗化、调混等丰富的技法经验。然而在有的作品中似乎还可再进一步斟酌色彩构图的大小、冷暖等对比关系，在处理上可考虑更加"极化"。

作为"你的野草是我的花园"系列组画之一的《怡园漫步》，纯用墨，在郭怡孮作品中别具一格。

一般花草之为物，在中国传统文化中一向被视为"闲"花"野"草，唯有少数几类承蒙文人雅士抬爱，而有了隐逸、富贵之分，而梅、兰、竹、菊更是君子的象征。但若长相不好，即使跻身"君子"之列，"恶竹仍须斩万竿"。"你的野草是我的花园"这一由法国园林家提出的新园林观，郭怡孮认为与他崇尚大自然的创作观念不谋而合。于是，那些不登大雅之堂的芦苇草、狗尾巴花等都被一视同仁地画进了画面。我有时觉得这些花草也像郭怡孮自己，他在任何一方土地上，都能找到水和养分，都能生根，都能发芽。《怡园漫步》画的都是山野植物，是一幅点、线的交响乐，充满蓬勃的荒野之趣。在植物形象之中错综加进的短线和皴点，郭怡孮说是为了加强画面形象的力度，其作用一如交响乐的音符。当然，也如吴冠中向他指出的，点线还可以使用得更节约一点，把握一个适当的"度"。

郭怡孮是一位在艺术创作上非常投入的画家。当深入生活搜集素材和进入创作之时，他精神紧绷得像是拉满的弓，只是到歇下来时，才会感到身心的极度疲惫。那些极费心血的巨帧花卉常常要持续地画几十天，给人的印象则是一气呵成、精力弥满的。其中有些作品中也有与他相濡以沫的夫人——画家邵昌弟的劳动。

这些年，他带病跑了很多国家和地区，写生、办画展、进行艺术交流，不断拓展创作的天地。他的绘画语言是"世界语"，当他用画笔发出"给后代留下一个花团锦簇的世界"的呼唤时，一定得到了不同肤色、操不同语言的各地朋友们发自内心的应和。

# 花香深处

## ——郭怡孮绘画艺术论

文 / 王鲁湘

著名花鸟画家郭怡孮有一印语是"花香深处"。那么，这花有多香，这香有多深，这深处又有什么呢？

## 野与艳

中国花鸟画的源头在哪里？是搞中国画史的专家探讨的问题。但有一点是公认的，花鸟画成熟的五代宋初，即已分出"黄家富贵，徐熙野逸"两条路径，而且随着时代的发展和对绘画工具材料性能的自觉，这两条路径的分野越来越明显。大体上水墨花鸟走的是野逸一路，工笔花鸟走的是富贵一路。在中国文化中，野逸和富贵代表着人生的两种价值选择，几乎不能调和，因而扬野逸的必贬富贵，喜富贵的必鄙野逸。但实际上有许多人，一生中常常是忽而野逸，忽而富贵，时处江湖之远，时居庙堂之高。这些人的心态和趣味因其人生况味的两极，成了一个矛盾的组合体。这样，从其一生

看，野逸也好，富贵也好，其实并不冲突。从心理学的角度说，凡偏执野逸或偏执富贵者，都是文化"超我"对"自我"的强制。就一个自然人来说，对宫苑名卉和山原野花，怎么可能截然分为两个文化和价值的范畴而强作非此即彼的选择呢？常人是不管这些人为分野的。他们直接用生命扑向自然，扑向原野，扑向山林和泽畔，去和一切大地上盛放的精灵对话。他们发现，大自然中一切野到极处的生命，原来也都艳到极处。野和艳，其实都是生命力蓬勃旺盛的表征。野到天顽磊落，艳到照眼惊心，于是反衬出人类生命的羁缚和委顿，霎时自惭形秽，神经得到一次电击，灵魂得到一次刷洗，精神振作，重新做人。这种来自生命美的力量，绝不是"岁寒三友""香草美人"之类"比德"的陈腐说教所能比况的。郭怡孮的画，跃出了中国花鸟画的框框，打破了野逸和富贵的千年门户，把野和艳这对中国文化中一直分庭抗礼的"冤家"搭配成夫妻，生下了一个秀丽活泼

的宁馨儿。

## 俗与雅

这也是一对困扰中国艺术几千年的范畴。只要社会还分上层和下层，艺术还有古典和流行，这对范畴还将继续制衡艺术的发展。但在艺术史上，真正有生命力的创新，总是同时在俗和雅两个源里汲取营养。那些能成"透网鳞"的大师，总是以超然的心态，在俗与雅的趣味张力之间寻找自己的感觉，弹出非俗非雅、不俗不雅、亦俗亦雅的"别调"，令人耳目一新。

郭怡孮的画就属于这种。他的画让不同趣味的人似乎都能接受，男人女人都能喜欢，中国人外国人都能欣赏。除了题材（他的题材本身就是大自然的杰作，因此受众可以超性别、超民族、超文化）的原因，最根本的是他的趣味所具有的广泛性。郭怡孮有纯正、健康的趣味。一般说来，他不属于徐渭、八大山人、扬州八怪、石鲁这一路表现主义的花鸟画家，不属于赵之谦、吴昌硕、陈师曾、齐白石这一路文人花鸟画家，也不属于任伯年、王雪涛这一路较重市民趣味的花鸟画家。那么他到底属于哪路花鸟画家呢？从大范围说，他属于潘天寿、李苦禅及其父郭味蕖这一路"新院体"花鸟画家。"新院体"和"旧院体"的一个重要区别，是"新院体"画家在职业化的同时，还是一个文化人，而不仅仅是一个艺人，在这一点上，他们同文人画家是搭界的。但他们考虑更多、探索更多、实践更多的，还是专业范围内的事，诸如造型、构图、笔墨、色彩等，而且是在专业自觉的水平上做职业化的努力。他们通晓中外美术史，有成熟的艺术理念，对传统有相当

的把握，但又绝不因袭传统，他们对新的时代趣味很敏感，有创新的冲动。这样的他们不可能把绘画完全当成个人的事，更无须"媚俗"。所以他们恰如其分地站在一个各方都能接受甚至各方都要效仿的位置上，从而成为时代美术的一个尺度。郭怡孮的画，是"新院体"中一枝红杏。他的枝头已经探出"新院体"的墙垣，但根干还在墙垣之内。他的所有探索，都带有浓厚的学院派色彩，显示出相当的学术层次。作为一个市场经济条件下的画家和一个经常承担重要礼宾场所陈列画任务的画家，他的画还不得不考虑受众的公共趣味以及环境效果，他在努力综合这些方面，他的通达和超然使他并不先把这些方面看成是冰炭不容的对立因素，他的所有学术性努力都表现在他较为成功地化合了这些因素。总而言之他在给人新鲜感的同时，并不让人意外，他给人一个惊喜，但绝不给人一个惊吓。他的画虽不能说人见人爱，但的确是中国当代少有的雅俗共赏的作品。

## 工与写

郭怡孮作画，走的是他父亲郭味蕖先生工写结合的路子，但又加以发展和拓延，突破的方向选择在写的方面。双勾在他的画中已经弱化，除了某些品类的花叶，大部分情况下他已基本上不再使用双勾填色的方法，他像大写意画家那样泼、染、皴、擦。但他的画之所以仍然给人一个兼工带写的印象，我想原因之一是他泼染的是艳丽的色彩而不是墨。另外，最主要的，他画中的细短线仍然很醒目，这些细线是花叶的筋脉，混沌一片的泼彩，要靠这些细线（不是双勾）来理出秩序而且显现出劲健的

骨力。这样一来，猛然一看，他的画似乎还属于小写意，但仔细深入地看，他在用笔的狂野泼辣，用色（相当于用墨）用水的淋漓酣畅上，已经比许多大写意画家更生猛、更粗服乱头。

这样的突破是符合郭怡孮的美学追求的。"你的野草是我的花园"——郭怡孮从巴黎国际艺术家城回来后喜欢引用这句法国园林家的话。这句话可以从两个方面理解。其一，画家更喜欢花园外的野草，野草当然会开野花。郭怡孮一直主张花鸟画家到野地里，比如原始森林和溪间山巅去画那些野味十足的野草野卉。"花好何须问名字"，不见经传不载花谱无名无姓野生野长岂不更有魅力？而要表现这样一种山野之气，恐怕太规整、太匀净的手法显得有些文弱了，笔墨就不能不野一些。其二，这句话也可以理解为郭怡孮要从大写意里弄些"野草"到小写意的"花园"中来，甚至要从西方的印象派、野兽派那里弄些"野草"到中国画的"花园"中来。不是要从花园中除去野草，而是要拆掉篱笆和墙垣，打破山野和花园的界限，在野草和园花之间不设畦畛，不分尊卑。这样一种开放的心态，平等的意识，使郭怡孮不仅在题材上占尽风光，而且在绘画语言的探索中获益匪浅，他的画因此而产生了一种自由奔放的艺术感染力。

## 色与墨

郭怡孮的画给人印象强烈的当然是色彩。他给我们创造的这个色彩世界，一片灿烂，甚至比阳光下的那个世界还要缤纷强烈，赏心悦目。这个郭氏色彩的秘诀到底在哪里呢？我的心得有两点：

1. 色平面的大块叠置。如果用彩瓷来比拟，郭怡孮的用色更像康熙时期的硬彩，而不像乾隆以后的粉彩。粉彩受珐琅彩的影响，通过在颜色中掺铅粉，使颜色出现由浓渐淡的变化，于是花叶一改硬彩的平面效果而显出浓淡晕染的立体效果。在晚清到民国的花鸟画中，这种粉彩化的倾向很时髦，事实上人物、山水也都这样。当中国艺术向这种立体化转变时，欧洲后印象派却发现了日本浮世绘所表现的色平面的艺术魅力。于是差不多整个现代绘画运动都试图摆脱上千年立体透视的影响而追求平面化。郭怡孮的色彩从一开始就显出在平面上追求丰富性的努力。他的画，一般能分出两到三个层次，但并不刻意追求深远的感觉。他是通过色平面的叠置来显出层次，并非追求远近距离的效果。从色饱和以及色纯度的角度看，他的物象其实都在一个平面上，只是由于叠置而显示了前与后。所以他的所有色彩都在显现，都在表演，都处在灯光的照耀之下，没有谁躲在影子里。可能有的占的色平面大，有的占的色平面小，有的色相本来就亮，有的色相本来就暗，但都各领风骚又秩序井然。

2. 纯色的冲撞。古典绘画都有一个灰度，如西方古典油画的酱调子，俄罗斯油画里的"脏"，中国山水画的浅绛。但中国民间绘画尤其是套色版画和法国印象主义的外光派，都讲究纯色的冲撞。郭怡孮为了保持色彩的清新，多是让纯色在纸上直接冲撞。色彩通过覆盖、流漾、集结、沉积保持色纯度的稳定，互相融合、渗透，产生类似釉色窑变的不可控效果，流光溢彩。矿物质颜料用大水墨泼洒，色彩如夏雨滂沱，画面因此而清新活泼，富有朝气。

郭怡孮的用墨，容易被色掩盖，其实用心

良苦。他用墨的地方，主要在花的轮廓、叶的筋脉、树的枝干和背景的山石。把一张画撑起来的骨架子是用墨线搭起来的。但墨的作用显然不只是搭一个架子，它有时候也是作为色彩在被使用。比如淡墨常常掺和到颜色的冲撞中去。在颜色将干未干之际，某些局部的墨被色水排挤，沿着细小的短线向一侧撕出牛毛皴之类的肌理，使短线出现一种浮雕的效果；或者在色团外围的水痕边缘洇出一圈淡淡的墨痕，出现黄宾虹晚年追求的渍墨效果，从而给画面增添一种浑厚华滋的神韵和几分斑驳的苍古气息，而淡墨则偶尔作为一个灰底反衬主色。也许人们很容易忽略郭怡孮画中的焦墨，其实表达郭怡孮绘画精气神的东西，正是焦墨。如果说郭怡孮的画，出彩是在色，出韵是在淡墨，那么出神则是在焦墨。焦墨不仅在色块之间穿针引线，它更多的是作为一个不怒而威的主宰因素而存在。它要么在枝叶花朵的间隙处像漆器的黑底那样不动声色地托起群芳；要么就在娇嫩欲滴的色面上粗暴地横拖直拽，从而使那些"深宫佳丽""大家闺秀""小家碧玉"平添若许"风尘之色"。在这个意义上，郭怡孮不管把色彩用到何等辉煌，他都没有脱离中国画的本色——墨，墨始终是他画中的当家色。

## 大与小

郭怡孮的艺术抱负之一是把山水和花鸟结合起来，画"大花鸟"。传统花鸟画的初级阶段是"大花鸟"，花和鸟连同它们生长栖息的环境被画家一同摄入画面，境界是开阔的，画面是充实的。后来随着折枝花卉的兴起，"大花鸟"逐渐变成了"小花鸟"。"小花鸟"在绘画史上功不可没，它在两个方面对中国画做出了杰出贡献。其一，它解放了笔墨。凡学中国画的人都知道，要想练笔墨，就要画花鸟，历史上有名的大写意画家都是花鸟画大师。其二，它创立了一套画面切割构成的程式。最经典的例证多在花鸟画中，尤其是在"小花鸟"中。画面越小，题材越小，这些原则就体现得越充分。因此我曾经说过，"小花鸟"画的是画家的智慧。这些智慧是东方哲学的无上境界，理趣无穷。

因此，当郭怡孮想要画山水和花鸟相结合的"大花鸟"画时，就不能简单地回到传统花鸟画的初级阶段。他必须创造性地吸收"小花鸟"业已取得的美学成就。当他面对那些原生态的山花野草时，他必须善于把"小花鸟"的形式感赋予它们，但又不能太显形，太刻意，以免损伤原生态的野趣和生机。另外，他还必须处理好山石、水口、塘岸同花草的关系。一般说来，这些具有山水性质的素材，总是作为背景和衬景出现的。它们出现时的形态，或是一角半边，或是"神龙见首不见尾"，含蓄但很巧妙地摆正自己的位置。但它们绝不可少，一旦缺席，总觉得少了一种氛围，少了一些深度。恰如京剧舞台上那些跑龙套的，主角的气派由他们烘托出来了。这和清唱的感觉是大不一样的。正是在这个意义上，折枝一类的"小花鸟"是清唱，郭怡孮的"大花鸟"却是一台戏，他的"大花鸟"的大，也就大在这里。

当然，仅仅再现大自然的一个角落，或许

并不能成其为大。大的感觉还来自画面的开阔，来自取势的大小、笔墨的厚薄。在这些方面郭怡孮的气质显现出大将风度。他总喜欢从画外四边包抄围剿，然后或上或下，或左或右，集中优势兵力从一边或两边强行破边而入，最后中心开花。因此他的画势虽然从画外直冲画内，但画心盛开的花团又往往如地雷开放，团团簇簇的冲击波向四边扩张。这种开阔很大气，也很厚实。他的画幅，取景集中，裁切果敢，凡属视力余光所及的范围坚决裁去。因此不管画幅大小，构图范围总在焦距区内，没有什么朦胧的影像，形象清晰而饱满，没有可有可无的虚空。由于镜头逼得很近，对象有迎面扑来的感觉，主体形象在画面上有充涨感。由于焦距近，角度广，景深就不够——而这正好是郭怡孮所要追求的适度平面化效果。这种层面并不要将人的视觉引向纵深，而是要帮助画面主体形象来共同完善画面的平面张力。1996 年 10 月于中国美术馆举办的个展上，展出的几幅近作就充分展现了他这种意识的自觉。背景作为一个色平面来填充前景主体形象留下的平面空缺时，画家几乎不再考虑通过浓淡深浅等手段来拉开它们的空间距离。在很多地方，背景的色平面反而更活跃、更前凸。比如《赤道骄阳——我的内罗毕宣言》中的金色和石绿色，《与海共舞》中的灰蓝，《日照香江》中的银粉，它们似乎都不再只是简单地传递一些认识性的信息，如金色是穿过花丛的阳光，石绿是花底的绿叶等。毫无疑问，这种认识性的功能仍然是重要的，这也就是郭怡孮的画还不属于抽象绘画的原因之一，但抒情性的、装饰性的、

构成性的功能可能比认识性的功能更突出了，这也就是郭怡孮绘画的最大变化。这一变化的契机应该是他前些年的欧洲之旅。

## 比与兴

"比德"和"类情"，是自易象肇制以来中国人图像思维的两大特点。"天人合一"的观念和"同胞物与"的情怀，使中国人很容易从对象尤其是自然对象中找到与人的品格和情感相类的同道，彼此转化。文人画在诗词文赋的基础上，最终锁定那么几个对象，以至有终生画竹或终生画兰者。中国文人的精神世界在越跳越高的时候，也越来越狭隘，最后高处不胜寒，能够在文人画的花苑里生长的品种就少得可怜，文人画（这里主要指花鸟）的生态环境日趋艰难。

因此花鸟画的变革首先就是题材的突破，而题材的突破则意味着占统治地位的"比德"观的失势，代之而起的是一种新的美学观，即花鸟画应以表现大自然的蓬勃生命力作为自己的宗旨，在这种新的美学观下，画家的心境和视野当然就变了。"比"这种传统的思维定式让位给"兴"这种更古老但更符合人类面对自然时更普遍更恒常的审美心理。"比"是一种道德理性思维，应该承认，在人类思维水平上，它是一种高级形态。因为它以观念为内核，以形象为依托，既有移情，又有抽象。但也应该承认，作为一种审美感悟，它是文明教化的结果，是文化训练和熏陶的产物，因而其审美普遍性就受到文化的强烈制约。比如竹子同君子

之节，幽兰同隐士之操，不要说不是一个文化共同体的人难以认同，就是同属一个文化共同体但没有接受过儒家诗文教育的下里巴人，也难以激发真正的审美共鸣。然而，在《诗经》"国风"诸篇中来自下里巴人的大量歌词，那种遭遇自然时不假思索勃然而兴的"兴"体，虽然在思维水平上是一种较原始的形态，但保留了更为真实更为质朴的人类情感，揭示了人与自然更直接更本质的关系。所以从审美接受的角度，"兴"是更普泛、更隽永的。

中国现代形态的花鸟画是从"比"向"兴"的复归。这一复归的直接成果是大大拓宽了花鸟画的表现领域，郭怡孮借用的那句"你的野草是我的花园"应该是这一复归的诗意总结。

郭怡孮的画也不一定刻意避免"比"，但他在寄寓一种"比"的观念时，处理得很含蓄，往往将其纳入一个悠广的历史时空中。如《楚泽之畔》《故园篱落》《灞桥风雪》等，兰、菊、梅的"文化形象"固然为人熟悉，由文化所赋予的品格通过移情也能理喻，但其语境似乎比文人画处理此类题材时要宽泛和朦胧一些。无论是意境，还是色彩、笔墨，那种自然禀赋的美丽和生气，更直接地引发我们的感兴，恰如谢灵运推开窗户看到一池春草而不假思索吟出千古名句"池塘生春草"那样。池塘春草显然没有什么明确的寄寓，"谓之有托佳，谓之无托尤佳。无托者，正可令人有托也。""绝不欲关人意，而千古有心人意自不容不动。""可以生无穷之情，而情了无寄。"清代大学者王夫之这些论诗的话，可以帮助我们理解郭怡孮那些美丽的画卷。尽管他给中南海画大幅映山红时题名《春光图》，画内罗毕火红的刺桐花时加了个副标题"我的内罗毕宣言"，画香港紫荆花时也加了一个副标题"为1997香港回归而作"，明确表达了他的寄托，甚至超越审美而有些政治化，但这都不重要。映山红同革命，刺桐花同环境保护，紫荆花同香港回归，这种意义的关联是否有助于作品立意的深化，人言言殊，我还是认为王夫之的话更通达一些。郭怡孮在他的艺术笔记里写道："这是一个线条和色彩的世界，也是一个奇妙的家园，她的璀璨、明丽和神奇，使我充分展开联想的翅膀，如同去构造一个美丽的童话。"

是的，一个美丽的童话。正如我在7年前写的那样："郭怡孮的画，正是中国诗心对自然的现代朗照。""郭怡孮的画，没有特别明显的一己私情的寄托，这是他的画同文人画的根本区别。他的心中似乎总是一片明净的天空，花不论贵贱，草不论枯荣，一样有自己的星座，一样星光灿烂。于是我们信步进入他的世界，徜徉流连，同林中枯藤，溪边野草，山隈阔花悠然心会，粲然而笑，表里俱澄澈。"

晨妆　2006 年　118cm×93cm

1984 年，郭怡孮应邀为中南海接见大厅创作巨幅《春光图》，启功先生在画上题诗

1984 年，新中国成立三十五周年，天安门城楼首次对群众开放，郭怡孮、田世光、王庆生先生应邀
为天安门城楼大厅画三幅大屏风画，郭怡孮创作了《河山似锦》

20 世纪 90 年代，郭怡孮为中央统战部新建的礼堂创作大幅花卉《碧海新霞》

1991 年，郭怡孮在法国用摄像机拍摄了《塞纳河夜游》，这也是他艺术创作的内容

2008年，创作巨幅花鸟画《罗霄山花》，山东美术馆、京西宾馆收藏

上海合作组织成立，中国艺术研究院美术创作院应邀为大会会场创作大幅背景画，郭怡
孮组织院内外花鸟画家创作了巨幅花鸟画《和平之春》。以上海市花白玉兰和和平鸽为主，
背景贴金银铂，画面辉煌壮阔

中国美术馆收藏郭怡孮作品《与海共舞》就是感受太平洋上的这座小岛而创作的

拜访周总理工作的中南海西花厅，郭怡孮画庭院中的海棠树，创作了《俯视众芳》巨幅花鸟画

郭怡孮为北京人民大会堂金厅创作巨幅作品《大好春光》

郭怡孮在自己创作的电脑绘画前

2021 年，中国共产党建党一百周年，郭怡孮应邀为党史馆创作巨幅花鸟画《燎原》

中国画学会以学术立会，曾组织画家们创作《长江万里图》《黄河万里图》《一带一路长卷》《红船颂长卷》等大作。图为郭怡孮在创作中

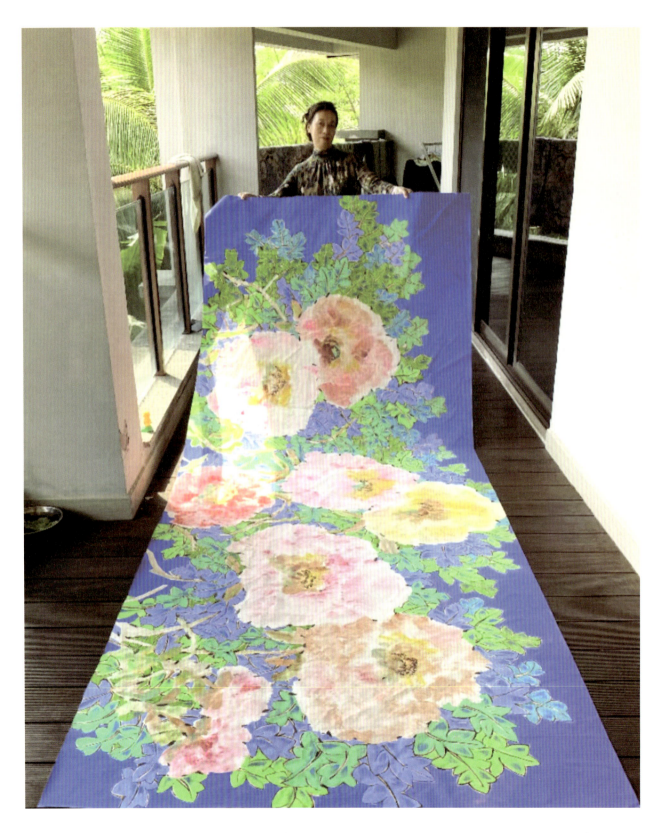

2021 年，新冠肺炎疫情肆虐时期，郭怡孮在海南岛创作了大幅花卉《霓裳羽衣图》以祈国泰民安

郭怡琮酷爱陶瓷绘画，到了痴迷的程度，连续多年，他多次去景德镇绘瓷，全国政协《画坛》杂志做过长篇报道

2023年，83岁的郭怡琮先生正在创作巨幅《朱竹白石图》，此画高 2.4 米，长 4.8 米，用综合材料完成

郭怡孮曾应邀为杭州 G20 会议主会场创作
陶瓷《梅瓶》，他对釉里红犹感兴趣，在
绘制和烧制上都有新试探

图为郭怡孮在景德镇创作釉里红瓷器

郭怡孮的花卉作品曾连续九年入选全国人大和全国政协两会开幕纪念封用画

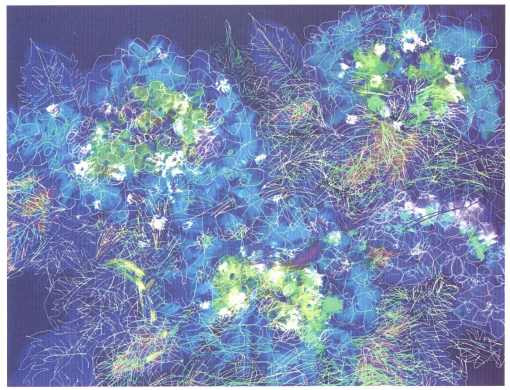

这是郭怡琮先生创作的另两幅电脑绘画，自2012年起，郭先生曾用三年时间研究电脑绘画，创作电脑绘画作品百余幅，他认为电脑绘画使其表现更加自由，更为充分，是可以深入探索的新画种

# 生活篇

SHENGHUO PIAN

    郭怡孮的花鸟画都是从生活中来的，他不断地深入生活观察、写生、体验、联想、感悟，通过手写心记的方法进而进入创作，他善于用现代人的审美情趣去发现、捕捉自然界中所蕴藏的美，发现美好意境、典型形象，特别是从生活中发现别人没有发现的美，创造真实、丰满的艺术形象，画出自己亲手加工的、有自己的审美感受和审美主张的艺术形象。

    他深入原野山林之中，并用中国画写意思想来抓取生活中感受最深的方面，面对丰富的大自然，他想到"写大自然之性亦写吾人之心"、"对花写照将人意""迁想妙得""缘物寄情"，不断地培养自己的感悟能力、捕捉能力和创构能力。

    郭怡孮先生认为一个花鸟画家，对生活要有深入全面的理解，不但对草木鸟兽这些自然景物，要熟知，也要更加深入社会生活。一个花鸟画家要使自己的作品做到思想新、意境新、技法新，除了深入自

　　然生活，更重要的是深入社会生活，了解社会、了解民情，努力从思想感情上深刻地把握住社会的本质，才能创造新的花鸟画作品。

　　郭怡孮为表现热带雨林的气象，无数次地深入西双版纳，多次进入海南岛的尖峰岭、吊罗山，到太平洋深处的西表岛，到马来西亚沙巴境内的"神山"，越南的"胡志明小道"，去深入观察研究热带雨林的典型特点，了解那些植物的生长规律。从熟悉物理、物情、物态着手，把握整体气势和气氛，为花鸟画题材的开拓做出了贡献。

　　本章节所选"万里写生记"和"欧洲研修记"等十篇文章和大量图片，都展现了郭怡孮先生深入生活的深度和广度。他走万里路，也画了大量写生，更通过文字，记录了其对社会和生活的方方面面的思考，这是他艺术创作的重要组成部分。

# 万里写生记——漓江行

文 / 郭怡孮

　　1978 年，我在借调文化部中国画创作组期间，曾得到了一次外出写生的宝贵机会。

　　这次写生是由中国画创作组组织，经文化部批准的。成员一共三人：秦岭云、王学仲和我。我们仨都是第一批来创作组创作的成员，画了有半年多时间了，各自都完成了自己的任务。中国画创作组也成功地在中国美术馆举办了第一次汇报展，引起了社会各界极大的反响。

　　有些画家萌生了外出写生、深入生活搜集创作素材的想法，经领导研究，我们荣幸地组成了第一个写生小分队。据我所知，这也是创作组派出的唯一一队。

　　写生小队组成以后，华君武找我谈话，我记得主要内容有以下几个方面：首先，这是经组里领导研究，报文化部批准，由创作组正式派出的写生团，一定要真正深入生活，要画出东西来在组内汇报展览。二是要严格要求，有事及时向组内汇报。多与地方政府和各地美协沟通。三是本人较年轻，应多照

　　顾老先生，多承担一些沟通协调等工作安排。最后华先生对我说："你是党员，就由你来当这个写生小组的组长吧！"

　　我又惊又喜，我从来没有到南方写生过，学生时代也只是在北京郊区写生，这次能和秦岭云、王学仲两位大家同行，真是太好的学习机会了！经过半年多的交往，我和他们二位都很熟悉了。

　　秦岭云先生是 1914 年生人，长我 26 岁，我和学仲都称他秦老。先生是河南人，出生在一个民间画工世家，是在画行作坊里度过的童年，自幼酷爱传统绘画，青年时期考上北平艺专绘画系，又学习了素描、油画。抗战爆发后，先生又到湖南沅陵国立艺专学习。新中国成立以后，先生进入人民美术出版社，长期从事绘画研究、编辑、考证工作，学养非常深厚，他主编了许多具有学术性的图书画册，我读过的就有《中国壁画艺术》《民间画工史料》《扬州八家丛话》《永乐宫》等。

记得 20 世纪 50 年代末我上大学的时候，同学们组织春节猜谜对句活动，上联是"南国关山月"，立即有同学对上了"北地秦岭云"，可见秦老当时画名已高。

秦老在创作组主要是画山水画，他重传统，又重写生，又有西画功底，笔墨十分爽劲，法趣俱佳。能与秦老这样博学多识，又极其随和的人共同外出写生，我充满期待。

王学仲先生和我是山东同乡，他 1925 年生人，虽然长我 15 岁，但我俩一见如故。他对我父亲和我母亲都很熟悉，十分敬佩我家老人的学养，在创作组时，他有空就到我家去看望我老母亲，去讨教一些陈（簠斋）家的旧事。

学仲先生是个大文化人，学者型的书画家，他从小受父兄长辈影响，国学功底深厚，在绘画、书法、诗词、哲学诸方面都很精通，我特别喜欢他做学问的那种专注精神。我还很喜欢他的画，他的画又古又今，特别讲究意境情调，讲究笔墨趣味，有一种说不出的感觉。早年他在中央美院上学时，徐悲鸿院长就说他"诗书画三怪"，可见他的画极有个性。在我看来有一种朴真的新文人画的味道，难怪后来有人说他是"中国现代文人画的开拓者"，他那种追求形神自由，又极其严谨的学术风格，使我心生敬意。

这次三人行，是我学习的大好机会，但领导让我当组长，让我领队，实在是压力太大了。好在他们二位特别体贴、关照、支持我，大家一路互相帮扶，都抱着取真经的信念，努力完成好组织上交给的写生任务。现在想起来，一路上又苦又险，许多困苦艰险都和我这个组长安排不当有关。经济上我抠得太紧，尽量节省经费，让老先生们受苦了；在写生路线的安排上也有点野，路上多次遇险，三次大惊大险，漓江遇险、涠洲岛遇险、雁荡山小龙湫遇险，一次比一次险，现在想起来都一身冷汗。好在每一次都能化险为夷，在下面的文章里我将一一如实交代。当时我们三人约法三章，回来后谁也不提这些事，现在多少年过去了，秦老在发表的遗作中已有提及，学仲在诗作中也有长歌描述遇险经过，已经不是什么秘密了。

写生回来以后，组里又给了我们 10 天时间整理作品，在创作组做内部观摩。我准备了 20 幅山水写生、20 多幅花卉写生，和两位先生的作品一起，借用友谊宾馆南工字楼一楼休息室，挂满了四壁，也摆满了会议桌。

这次汇报展虽然只是内部观摩，对我来说却像大考一样，因为这些观众都是专业的考官。除创作组的领导，都是大专家，新中国成立以来在山水写生方面最重要的代表人物几乎全到了：李可染先生到了，20 世纪 50 年代，张仃、罗铭、李可染写生展使全国山水画风为之一变；宋文治、魏紫熙、亚明先生到了，当初傅抱石率领南京画院诸家以写生为主创新金陵画派；何海霞、方济众等先生来了，那是长安画派的代表。我上大学时在帅府园中央美院美术馆看过长安画派举办的"山河新貌"展，给我留下极深印象，有些作品永远印在心里。我们在写生中曾遇到一景，我对秦老说："这不是石鲁先生的《家家都是在画屏中》吗？"

这么多专家观展品评，我是特别不安的，没想到得到了很大的鼓励。首先大家肯定了我花卉写生稿能用到创作上，和自己的创作能密切结合，对我将自然形态转化为艺术形态的能力给予充分肯定。看了我的山水写生，他们都说很有新意，说我能把感受表达出来，不同的景用了不同的表现方法，一眼就能看出不同地域山川风貌，鼓励我继续把山水画探索下去。只可惜后来美院的专业教学分得太细，我的精力大部分用到花鸟画上了。

观摩展以后，华君武、丁井文先生让我好好写个写生总结，说要上交到部里去，这也是创作组的一项重要工作。几十年后，我整理旧物，翻捡到这份汇报底稿，勾起我许多回忆。我想到当今和未来的画家们不一定会再有这般经历，时过境迁，那段历史已经过去，那段经历无缘再有，很多东西都不一样了，于是在原汇报稿的基础上，我又有了今天写点回忆录的冲动，让我分章追记。

我认真担起了小组长的任务，先与两位先生商定写生路线，又请创作组办公室的夏传谨先生与沿途各地美协打了招呼。夏先生是老美协的人，与各地分会都比较熟悉。然后就是开介绍信，我到文化部开出了一张带文化部公章的介绍信，只写明我们是文化部派出的写生团，写上我们三人的名字，但没有写受访单位，所以这封信可以始终在我们手里以备急用，这是我们的通关大牒，关键时候真的很有用。

我需要根据时间、路线做好经费预算，差旅费预算是根据火车硬坐、（过夜硬卧）长途汽车、市内公共汽车、普通旅馆的费用，以及每日四毛钱伙食补贴来算的。这些费用是由创作组开出介绍信，我到文化部计财司领取的。

我下决心管好这笔钱，要处处精打细算，又要万无一失。老母亲一再叮咛，让我夫人在内衣上给我缝个口袋，把钱和粮票都装进去，再用两个大别针别上。那时候写生的材料工具都可以从创作组领，我们都领的净皮宣，秦老喜欢用皮纸，又领了一些"温州皮"。

6月10日，我们十分兴奋地上了开往桂林的火车，直奔桂林著名的榕湖饭店，这是创作组领导事先给我们联系好的。榕湖饭店是桂林接待重要国宾的地方，曾接待过美国总统尼克松。因为我们三人在创作组时，都为钓鱼台画过大画，由外交部礼宾司翟荫堂司长介绍，我们这次先住榕湖。

榕湖的丛经理派了老人接待我们，特别安排住在四号楼。听说四号楼住过好几位国家领导人，楼内有专门的餐厅，专用的大厨，还特别安置了三个大画案，并配有专职的服务员。我们是自己送上门的，看来不画大画是走不了的。

此处不能久留，我们赶紧完成榕湖宾馆的任务，尽快下去。

我们三人决定，不画前人画过的地方，不画那些象鼻山、碧莲峰、叠彩山等老景点，我们选择了漓江上最精彩的一段，从兴坪沿江而上，再到杨堤、大圩、阳朔，背起行囊画具，戴斗笠，扶青竹杖，山村水落，一路寻景，见到入画的好景就住下画几天。

在兴坪，我们都陶醉在这大自然的美景之中。漓江流经兴坪，形成"S"形大河湾，两岸奇峰高耸，峰后又见层峦叠嶂，处处都是景，处处都入画，我真正体会了"人在丹青画里行"

的感觉。

我们一路走到杨堤，画到杨堤，十八公里江段，都留下了我们的汗水和足迹。秦老岁数大了，我怕他吃不消，就说："我给您向大队借辆自行车吧"。秦老开玩笑地回答："那爬山时我还得扛着车上山，不然丢了怎么办？"然后秦老又说："怡琮你放心，我身体不比你俩差，在湖北干校那么多年，什么苦没吃过，这点儿苦不算什么。"

我们还大着胆子探了一些山洞，是些很野的没有开发的山洞，不像桂林七星岩那样被开发成旅游景点的地方。我们探洞的兴趣还是在桂林榕湖宾馆访宗其香先生时感染到的，宗先生不但画桂林山水，还画了多幅地下溶洞的山水画，他喜欢洞里的钟乳石，经常约着榕湖宾馆的接待人员梁桂生去探野洞。梁和我们说，宗先生每每看到那些从来没见过人烟的美丽的钟乳石，都会激动得落泪。他还讲了他俩历险的经历：一次开车上山遇到一个溶洞，洞口不大，有流水涌出，就找一木板作舟，划进去看，结果水涨了，出不来了，只好等到水退却一点，出来时已是日落西山，车也开不了了，车上的一些小零件早被山里的孩子拿去玩了。

听到了这方面的教训，我们不敢深探，但走进那些无人去过的洞穴，景观实在是太神奇了！洞中的石钟、石乳、石幔，还有明河、暗河，上百万年古老的地质变化竟是如此的神奇。走着走着，突然开阔如大厅，石幔如舞台幔布，猛一抬头，见岩洞上有数百只活物，仔细看都是倒挂着睡觉的蝙蝠，突然有一只吱吱叫着飞过，吓得我们冒出一身冷汗。

有一次听村民说，附近发现了一个大岩洞，特别好看，钟乳石的样子像莲花，他们取名碧莲洞，说陈永贵副总理来时还想去看看。因为洞中实在无路，没有专人陪同太危险了，我们也只好作罢。

我们一路画到大圩，这是漓江边的古镇，在清朝时是个特别繁华的码头。镇子古风依旧，街道都是由青石板、江卵石拼成，沿江街道都是骑楼式木结构，高高低低，近看远观都那么入画，秦老后来山水画中的许多建筑都取材于这里。

我们画得正起劲儿时，围上来一批老乡看画，还说前不久北京来了个大画家，就坐在这个地方画这个景。我问他知道这位画家叫什么吗？回答得很干脆：齐白石。我说不是吧，是不是叫白雪石呀？他说："对，对，白雪石。"我们相对而笑，白雪石先生也是这年的漓江之行，开辟了自己的新画风。

写生一段时间，我们开了一个总结小会，那是在兴坪一个乡的小招待所里开的。那个招待所配有蚊帐，我们三人挤在一张小床上，盘腿而坐，把蚊帐一放就开起了"神仙会"。正因为有蚊帐，我们在这里多住了些天，躲到蚊帐里改画。学仲的好多诗，都是在蚊帐里琢磨出来的。

如《与牧野秦岭云潍县郭怡琮同游兴坪，赵贤桥为之导游，喜赋一律》：

湘江北泻漓流南，一簇西坪傍碧潭。桂女驱鱼鳞入网，船家拨桨舟摇篮。凉生习习老乌桕，叶底垂垂挂绿柑。水晶世界神游遍，山川魁首岂虚谈。

又如《杨堤闻越南华侨归国有感》：

十年驻守在尘壤，忽到杨堤山水乡。桂子九成香渐孕，榕湖三姐曲悠扬。侨归夏裔安南近，诗诵国风矶石苍。莫道书生无诣力，波澜诗笔动遐荒。

我们还在这里改善伙食，吃了一顿大餐。一天上午，村干部提着一只在漓江里捕的大甲鱼来了，高兴得不得了，说要请北京来的画家吃，又说这么大的甲鱼多少年没见到了，称一称足有6斤。

村干部和我们一起吃，我还是坚持要付费，结果来了个AA制。队里出了3斤黄豆，1斤枣，和这个6斤重的甲鱼煮了一大锅，队长说，不收粮票了，大家尽情吃。多日没见荤腥，那一顿吃得真解馋。

出门最怕是得病，结果第一个得病的就是我。什么病？红眼病，两眼肿得和金鱼一样，害得我3天没画成画。因为我们住的小店，所睡的铺板上只有一张破席上面一片汗渍已变成酱油色，枕头上是一块更黑更脏、枕上去发黏、满是汗味酒味的小席子，第二天我早上起来，怎么也睁不开眼，急性感染，还是学仲拿了点儿药棉蘸上清水帮我擦了擦才睁开眼。当时真后悔，出发时没听夫人的话，带上块塑料布。那时很流行塑料布铺床的，价格不贵，但我没听夫人的话，反而认为下乡就要同吃同住，要克服资产阶级思想。

最使我难以忍受的还是蚊虫叮咬，我特别招蚊子待见，这里蚊子很多，个个厉害，最厉害的是一种特别小的"小咬"，能把人给咬糊了的感觉。特别是我画花卉写生时，要钻草窠树林，往那里一坐，呼地一下蚊虫就像轰炸机一样袭来。我积累了点儿防蚊的经验，就是有点儿难看：拿一件大厚衣服包上头脸，用两只衣袖把脖子围严，只露两只眼睛，然后再穿个大长袖褂子，弄两只厚袜子套在手上，再把裤腿儿用鞋带扎紧，点上香插在四围，就可免去蚊虫叮咬。有一次学仲和秦老画风景写生回来，看到我在竹林里端坐着，打扮得像尊菩萨，四面还香烟缭绕，学仲开玩笑说："你这是烟云供养呀"。

当二位先生看到我这批竹子写生时，都给予了充分肯定。漓江边的竹子确实感动了我，我从没见过这么壮观、茂密、优美的竹林，那一丛丛迎风探水的姿态，新篁高挑入云表的特有风致，使我着迷。当我第一眼看到这片竹林美景，就决定这次我要主攻的一个主题。

因为画竹是花鸟画家必过的一关，历代画家都把画竹作为基本功，父亲也一生爱竹画竹，他画的竹被后人称为"郭家样"，父亲曾在文章中说："我种竹，画竹，更爱竹。我自己种竹，经常在风中、雨中、雪中观察竹的情态动势，篱根砌下，皆为我师，敬其虚心高节，自能得其一二。外出写生在川西濯锦江，在黄山苦竹溪，也注意访竹探竹，日久天长，腕底自有风雨。"

父亲喜竹、养竹、访竹、探竹、画竹，进而创造出像《惊雷》这样的带有时代气息的新花鸟画。受父亲影响，我从小也爱竹。记得潍坊老家门前过道有两行竹，都是父亲亲自种的，每到年节，乡亲们有采竹枝插瓶的习惯，我的任务是在门口看着，以防有人来折竹。那时母亲会给我一包糖果，我慢慢吃着，可以在竹前守上半天。有一次竹子被人折了不少，我忙去告诉父亲，父亲看后很伤心，随后就创作了一幅残竹图，这幅画我至今未忘。

这片小小的竹林也是我儿时最喜欢玩的地方，我喜欢用竹叶做小船，用竹竿放风筝，还常在竹竿顶上弄点面筋去粘蝉。我喜欢看新笋出土，更喜欢新笋脱壳时那些叫作"箨"的壳，我经常采来每个手指上套一个，黑影里伸出十指来吓人，那时我也是淘出了圈儿了。我从小对竹子就有特别的亲切感，等学画竹时，我上手很快，因为我对竹的生长结构都很熟悉，什么老竿、新篁，什么解箨、行鞭，什么鹿角枝、雀爪枝，什么"个"字、"分"字叶，我都能和实物一一对上。

这次到漓江，胸中之竹和眼中之竹完全是两回事儿，是小巫见大巫呀，这也太壮观了。进入竹海，气势之大，生命力之强，变化之多，形态之奇美，使我惊喜痴迷。我决定对这竹林做全方位记录，从物理、物情、物态各角度做全面把握，于是我先用水墨画整体气氛，找出它和江水、峰峦之间的生存关系，再一步深入其间，踏着尺余厚的落叶，去画那一组组的老干新笋。那些老干都有碗口粗；那些竹根怎么画都入画，都是可以用来做竹雕艺术品的；那些竹笋都和炮弹一样大，造型特别现代，今天竹笋刚破土，明天就能丈余高，直插云霄。我用白描的方法画结构，再用水彩记录色彩，那笋壳上不但有优美的花纹，还有特别多变的色彩，实在画不出来，就在旁边用文字记，记那些一时无法调配出来的色彩，如"赭墨加鹅黄""汁绿加豆青"之类的词都用上了。

慢慢我不但画形、画色，我还听声，听声对意境的营造极有帮助，我全身心进入"独坐幽篁里，弹琴复长啸，深林人不知，明月来相照"的诗境中，只不过我不是弹琴而是丹青，不是长啸而是静听。

我听到那微风吹来、竹叶婆娑之声，我听到那风声大作、竹干交错作响，无风时更会听到那新笋解箨清脆炸裂之声，有时又会听到一声鸟啼，远处江中也会偶尔传来一声汽笛鸣响。在漓江竹林的几天写生中，我从对声的体验进而悟到动与静的一些艺术上深层的东西，这都是以往未曾感知到的。

我感到静是一种大美，动更是一种常态。来漓江写生前，一直生活在一种激荡的不平静的社会生活中，虽然知道在绘画中动和静的关系，要动中有静、静中有动，但心中不曾有真正的体验。

当我静静地坐在那里，透过竹林，看江水潺湲，看那破土而出的竹笋，那高空飘落的一片竹叶；特别是人坐舟中，远山如垂幕，慢慢移动在苍穹之下，轻舟驶过江心绿洲，见青草如茵，洲上的牛羊渐渐近来又渐渐远去，船移洲远，船动水开，当你放眼大江，渚白沙平，见飞鸟翔空，云烟飘荡，你会叹息宇宙万物的神奇变化，更会感到万物皆动，一切皆生机妙然，这才是一种境界，才是中国画家所追求的一种内在的诗意。

思绪之间，小舟过浅滩，水流湍急，浪花飞溅如碎玉落盘，心一下收紧了。

生活就是这样，不经意时，突然就会遇到

情况，没想到我们三人兴致满满、画兴极浓时却遇到了一次险情。

沿江写生多日，天天汗流浃背，多么想有个地方能冲冲洗洗，某日见一渔夫，身背网具慢慢蹚水至一江心小岛，此岛离岸百余米，我们看在眼里，心想既然水不太深，能蹚水过去，我们何不上岛逍遥一番，于是沿渔人路线，携手而行。水确实不深，最深处也不过齐腰，到了岛上，水平波静，绿草如茵，确实是好去处。我们三人先把衣服脱去，在江中洗起衣服来，衣服洗好晒在沙滩草地上，我们又在江水中泡起澡来，悠然自在地享受着大自然的恩惠，身心之爽不可言表。

日头将落，突然意识到该回去了，打鱼的渔夫早已不见，赶紧收拾衣物向对岸走去，没想到越走水越深，早已找不到来时的"路"了。我们三人紧紧拉在一起，水流越来越急，江底高低不平，我猛然感觉脚底的沙在流动，脚一踩空，水已齐肩，人已站立不稳，大有要漂起来的感觉，三个人都十分紧张。

在这方面我是有过经验的，小时候在潍坊老家下白浪河洗澡，走到小石桥洞口时突然水流加快，脚下流沙滑动，我站不稳漂了起来，连呛了几口水，幸好桥上路过一挑担人，伸下扁担搭救，我得以脱险。现在水更深，流更大，天色已晚，放眼四周不见人影，谁能来搭救？儿时的恐惧突然袭来，我想我是领队，出来时创作组领导多次强调安全问题，出了事怎么交代！当我第一脚感到脚下有流沙站不稳时，我就急喊了一声"回撤"，于是三人慢慢退回到江心岛。

从来没感到过天那么沉，像黑锅底压下来一般；也从来没体验过水那么无边，人那么无助。江风吹来，已有寒意，感到江心既不能久留，更不能在岛上过夜，担心江水会漫上来。

我们三人慢慢冷静下来，秦老说看渔人来时不是直奔小岛，是拐了个大弯的，于是，我们决定按渔人的来路试一下。找了根大树枝，权当探路的杖，每走一步先探探深浅。三人手牵手，我和学仲都是1.8米的个子，走在两边，秦老在中间，一步一探蹚水慢行。走着走着，忽然感到水也浅了，河底的泥沙也变硬了，步子也加快了，临近岸时还看到了住处的灯光，等三人摸到家时，已是深夜。

第二天我们又来到江边，江水静流，一切都出奇的平静，小岛上还落着两只鸟儿，想到昨天晚上惊心动魄的一幕，深感大自然变幻莫测。再找昨晚的上岸地点，是两里多地之外，说明我们在江心不知迂回了多少路程。

我们约定这次遇险情况在回到北京组内不要再提，只说漓江的天浴多么惬意。

漓江遇险是第一次，后面还有二次、三次，如北海涠洲岛遇险，雁荡小龙湫遇险，一次比一次危险，后面慢慢道来。

# 万里写生记——南下涠洲岛

文 / 郭怡琮

离开南宁，一路南下，有两个目的地，一个是德天瀑布，一个是北海。德天瀑布在中越边界处，最近形势紧张，越南人经常打黑枪，听说前几天有人上去，还没看到瀑布那边就开枪了，我们不能冒这个险！

到了北海，住市文联招待所。上街一转，我们就觉出它与众不同，中西合璧。看看骑楼老街，再看看那些白色的小洋楼，感到这座城市有着丰厚的文化记忆，被誉为"近现代建筑年鉴"，不虚也。几天写生下来，我们对这座城市有了更深入的了解。

这里古称北越，所属合浦地区，在两汉时期就较为繁荣，是海上丝绸之路重要始发港，是对外海上贸易的枢纽。这里是中华文化、西方文化、海洋文化、开放文化、移民文化相汇、相聚、相融的地方，我们被它的景观深深吸引。

当时正值1978年，我们在北海还见到了一幕特殊的景象，就是成百上千的越南难侨。那时越南正排华，难民们划着小船就过来了，船都特别小，几乎是三角形的，底很深，仅能容下两三个人，似乎多大的风浪都吹不翻它。

难侨上岸聚集在海堤上，就在堤岸上生活下来。他们摆起小摊，卖越南米粉，也有偷着卖录音机、手表、摩托车的。还有露天理发的、

成百上千的人，十分混乱。中国政府给他们发点儿粮食，有的人划船走了，过几天又回来要粮食。听说这里边还有一些越南特工。

我最欣赏的还是南海的风帆，时而见到。在北海市写生数天后，涠洲岛上的渔民划着小舢板上岸了，妇女们一身黑色，紧衣肥裤，带着大大的斗笠，赤脚挑担，挑着各种闪着金光银光的鲜活海产，还有各种热带水果，如硕大如斗的菠萝蜜，在海风吹拂下，穿过椰林，真是一幅幅美丽的画，我想到了张德育画的《岭南风》。于是我们三人都有了登岛写生的想法，而且越来越迫切。

涠洲岛是广西最大的海岛，也是中国最大、地质年龄最年轻的火山岛。由火山的岩浆岩灰积叠成岛，极有特色，有海蚀、海积及熔岩等景观，素有"蓬莱岛"之称。据说明代汤显祖就来过这里，至今还留有"汤公台"。

这个小岛可是海上要冲，海防重地。清朝的时候，曾有过三次海禁，颁令此岛永不开放。在封岛的百年中，史书上将其说成了荒岛和贼穴。

我们要想登岛写生，还是费了一番周折的，文化局上报市政府，市政府又联系了驻军，为保证我们的安全，安排我们乘军舰上岛。

平生第一次登军舰，一个多小时的航程，我们始终站在甲板上，看劈波斩浪，看军旗猎猎，看海军战士英姿勃发，我们也被感染了一身豪气。军舰在离岛约200米处抛锚，岸边没有深水码头可以停靠。我们从船上舷梯下到水面的渔船接应上岸，再摆渡上岛。

上岛后我们受到了热情接待，"北京客人来了"一时间传遍了小岛，岛民远远见了，就会打招呼。在王学仲的《山岛歌》中记录了这一情景，摘录几句：

山民胡为停耘耕，传言我是北京客；白发雏儿皆情亲，炊粱煨芋瓦缶洁；剖开菠萝挖山药，鱼肚海参杂蟹蜇，山岛山岛不忍别。

吃饭问题可难为了当地干部，听他们说，市里有交代，给定了个很高的伙食标准，他们不知道给我们吃什么好了。我们说有什么吃什么，千万别外购，跟你们吃一样就好。

第一顿饭就使我们吃惊，饭桌上放了三个大号铝锅。

这里我要略加解说几句，岛民的热情我们都深受感动，为了给我们做饭，他们把所有的锅碗瓢勺等用具清洗得十分干净，做饭的锅都擦得锃光瓦亮，要知道那煤灶柴锅擦出光来，是相当费劲的。三口锅端到我们饭桌上时，打开一看，一锅香喷喷的米饭，一锅黑乎乎的粥一样稠的东西，另外一锅也是黏黏的、白色的像一锅浆糊，我们真不知道这是给我们做的什么菜呀，拿勺子一捞才知道黑色的是一大锅鲜海参，白的呢？一问才知道那是一大锅鱼肚呀！我们只好按主人的好意就餐，大碗大碗吃鱼肚海参，而且是顿顿如此。我和秦老还算能

消受，真是苦了王学仲，他海味吃多了就拉肚子，浑身不舒服，后来就跟他们讨山药、芋头吃。

接待我们吃住，成了大难题；怎么保护我们的安全也成了他们的大事，听说民兵还要安排值班。

再说说上岛以后见到的景象吧，海岛上生满了热带植物，那是从未见过的景色。

当年的涠洲岛完全是原生态，听说现在已经深度开发，成为旅游网红打卡地。我完全想象不出小岛上旅游设备齐全、到处是酒吧和游人，我眼前还是那"宇宙洪荒"的画面。

涠洲岛的海积、海蚀地貌使我惊奇，火山喷发堆积的岩石和珊瑚沉积的岩石融为一体。第二天一出门我们就找到了好景，立刻收入画图中，我写下了第一幅海景写生，题目为"南海涛声"。

这是当地人称作"猪仔岭"的地方，只见一岩崖高峻险奇，面海而立，人不可攀；仰望山顶，更有海蚀所成的巨石探出，横在海空。更为奇特的是山崖上长满了仙人掌，这仙人掌成林成阵，从山顶上倒垂下来，随着海风晃动。刮大风时人不敢靠近，因不时有大片仙人掌在海风吹拂下，有可能成为飞来之祸；也会有很多成熟的仙人掌果落下，食之香甜如青苹果味。

画到傍晚时，忽然空中一阵鸟鸣，那是成千上万只八哥的叫声，伴着涛声，形成了大自然的和谐乐章。原来是鸟儿归来，这大片的仙人掌中，就是它们的家。

当我集中精力去表现近岸的岩石时，发现太奇妙了！因海浪、潮汐的作用形成了多处海蚀洞、海石沟、海石台，如我眼前就有数块海

石台，当大浪涌上来时，海石台上会存下海水，浪退去以后，台上的水也会立即平静，静得如镜面一样，一会儿蓝天白云就会映在这海台上，云还会动，人如在幻境中。我迅速地去捕捉这些美景，那时只觉得手太笨、笔太拙，想画的东西难以表现出来。

我从来没画过大海，海水的变化实在是太丰富了，不论是巨浪还是微波，不论是在晨曦下还是月下，不论是涛还是涌，都需要深入体验和具体表现，我试了画了多张都不成功。

只有一幅我还算基本满意，原来我把画面简化了，大部分是空白，信手题上两句话："欲写南海难下笔，拈将空白作涛声"，这是当时的真情实感。

后来我把精力放在表现海水和礁石的关系上，我被那些黑黑的礁石所吸引，因为那是火山岩，黑若乌金，大浪扑来，闪着银光，海水在不断地变化着色彩，从湛蓝变成翠绿，再看远处的斜阳岛，晚霞中闪着金光。这特有的景色，我大胆地落笔调色，画了一些不同以往的写生。

岛的那边有一片沙滩，原始苍凉，一望无边，沙滩的形状也像海浪一样，层层铺开，那是由各种贝壳组成的。

我一早就来到海滩拾贝，感到这里是那么原始，似乎从来没有过人迹一样。这时太阳刚刚升出海面，霞光四射，照到沙滩上，那些宝"贝"闪闪发光。我突然想起儿时母亲给我讲的一个"太阳岛"的故事，一个人在岛上捡宝，因为太贪没有及时撤回而被太阳晒化了的故事。

这里真是个贝壳博物馆的原始遗址，自清末封岛后外地人不能上来，岛民更没有旅游产品的概念，这些贝壳都积了很多，我认为特别好看的、特别奇怪的尽量去捡，捡了足足两大书包，有点儿背不动了，快点回撤，别太贪了。这时已近中午，气温高达40度，如果不在背阴地方真感觉能把人晒化。

这些捡来的贝壳，后来都成了我的画材，种类真的很多，后来我从书上查了一些资料，四大名螺（万宝螺、鹦鹉螺、唐冠螺、凤尾螺）都齐备了。还有那些虎皮螺、花生螺、佛手螺、龟宝螺、琵琶螺，各式各样各种色彩的，特别是那些闪着光的，自带荧光的，都成了我的收藏。

我最喜欢的还是一种当地叫"猪仔螺"的虎斑贝，形状和色彩都极可爱，我曾和当地的小孩去抓活的，在他们带领下，夜晚拿着手电，蹲候在涛声大作的岩石边，全神贯注。虎斑贝会慢慢爬上来觅食，一把抓住如获宝物，活的就是不一样，相比我从海滩上捡来的更有光泽。

当秦老和学仲看到我这些收获时，都很感兴趣，让我带他们去拾贝，去时虽然我走错了路，但是遇到了新的景观。那是一座在荒岛上沉寂了不知多少年的大的教堂，后来才知道，这是著名的"盛塘天主教堂"，建于1880年，是由法国巴黎外方传教会和岛民修建的，是典型的文艺复兴时期的哥特式建筑，是我国东南沿海甚至是东南亚最大的教堂。我们进入其间，荒无一人，有些野鸽子在穹顶栖息，见有人进来咕咕地叫着，甚感荒凉。但所有建筑依然完好，建筑材料是就地取材。穿行其间才感到此教堂规模之大，坐落在芭蕉林和菠萝蜜大树之间的教堂、钟楼、修道院、学堂、育婴堂……显示着其昔日的辉煌。

原来教堂旁边不远就是贝壳海滩，我们又

捡了一些宝贝，秦老最感兴趣的是看那些寄生在贝壳中的寄居蟹，顶着那硕大的贝壳满海滩跑。

该离岛了，我们恋恋不舍，但天有不测风云，谁会想到在离岛的时候差点出大事。

由斜阳岛驶回北海市的军舰按时到达，海上风急浪高，码头上空无一人，更没有摆渡船。军舰在远处上下颠簸，就要到军舰起锚的时间了，我们焦急万分，这次要上不去就要再等一周。

两位船工的到来，使我们十分兴奋，赶紧上船，岸边的浪已经很大，当我们靠近那小船时全身已被打湿，为保护画作，用雨衣紧紧包着画夹。

这种船在别的地方我从没见过，船极小，仅能容下两三人，船底是尖尖的，很深，样子就像个三角形的漏斗似的，我这大个子站在里面刚刚能看到海面，但这种小船在大浪中是不容易翻船的，许多越南难侨就是划着这样的小船漂洋过海来到这里。

秦老上的船是由一位越南妇女驶船，我和学仲上了第二条船紧随其后，没想到船入大海，我马上就感到小船处于一种失控状态。

船工无法把控船的走向，船在风浪中颠来晃去。突然船一下子被大浪涌起，似乎被抛到了天上，四周白茫茫一片；一会儿落入谷底，黑洞洞的像掉到井里一样。船工全力控制着船的方向，使船头对着迎面而来的大浪，如果是船的侧面对着浪，那可就危险了。船在海浪中挣扎，眼看就要靠近军舰了，但一下子又被大浪推远，反反复复几次，终于靠近了军舰的扶梯。上扶梯是最难的一关，也是最危险的，小船随浪沉浮，军舰也在颠簸，小船和军舰不同

步，我好不容易从小船登上扶梯，随着军舰的晃动下半身完全浸入海水中了，我使尽全力，在海军战士的帮助下终于登上了军舰。

站在军舰上回望大海，秦老所乘的船还在巨浪中颠簸，驶船的越南妇女使尽全力让小船靠近舷梯，小船就在军舰旁边上下颠簸着，这是极其危险的，如果来个大浪，把小船撞到大船上，那会翻的。我和学仲声嘶力竭地喊着秦老注意安全，那有什么用，风急浪大，什么声音都传不出去。

刹那间惊险的一幕发生了，当小船被一个大浪涌起的时候，离船舷有一两米的距离，只见一位海军战士倒悬着来了个猴子捞月，他双脚勾着船舷，另外两位战士死死地抱着他的腿，他把双手伸向秦老，秦老也就死死拉住这救命的手，被拖上了军舰。

这一切都是在几秒钟之内发生的，秦老得救了。在拖拽时，双腿与船帮磨蹭，秦老的裤子已经被磨破了洞，膝盖也略有擦伤，这已是不幸中的万幸了。

荷香澹荡　1994 年　96cm×114cm

# 万里写生记——登匡庐

文 / 郭怡孮

离开广西，我和秦岭云、王学仲直奔庐山。庐山是我们写生计划的第三站，它雄奇险秀的自然景观，丰厚瑰丽的人文背景，使我们的游兴和画兴倍增，我们的心早已扑进了这中国山水画和山水诗的摇篮。

从北海的涠洲岛，到江西庐山，有很长的路。先乘船到北海，再乘汽车到南宁，换乘火车到南昌，又转火车到九江，再乘汽车，才能到"跃上葱茏四百旋"的庐山。时值八月大暑，奇热难当。

特别是在一天一夜漫长的火车上，我们都穿着背心短裤，王学仲光脚盘腿坐在座位，背起了庐山诗，几首诗下来，就勾起了我们的谈兴，真是望梅可以止渴，兴致一起似乎也不感到那么热了。

秦老和学仲的传统文化学养都很深厚，这正是我向他俩学习的好机会，于是一个小型庐山文化座谈会，就在这漫长闷热的车厢里开始了。

谢灵运《登庐山绝顶望诸峤》，李白的《望庐山瀑布》，苏轼的《题西林壁》，还有陶渊明写庐山的诗……

从山水诗谈到了山水画，首先谈到的就是东晋顾恺之的《庐山图》，这幅画被称为真正意义上的中国第一幅山水画，在唐代张彦远的《历代名画记》和宋代郭若虚的《图画见闻志》上都有记载。在先秦两汉的绘画中，山水和花鸟只是人物画的背景，独立的山水画则始自魏晋南北朝。据记载，顾恺之优游于长江两岸，"挟江湖而飞峙，蕴灵性而奇崛"的庐山吸引着他，创作了《庐山图》《雪霁望五老峰》等山水画开山之作，这比西方风景画的诞生早了1000多年。

进而谈到顾恺之的传神论，是受东晋高僧慧远在庐山阐发的"形尽神不灭"的影响。顾恺之认为，神存在于客观本体的形象之中，神是通过形表现出来的，脱离了传神，写形也没有什么意义。这是绘画表现方式的中国特色，是最基本的绘画观。"以形写神""气韵生动""迁想妙得",似乎和庐山都有关系,宗炳的《画山水序》,也是在庐山写成的。庐山不仅是山水画家的福地,而且是中国绘画理论的重要源泉。

还有沈周的《庐山高图》,那近两米高的巨幅山水遗存,是中国绘画史上的代表之作。此画气势恢宏,层峦叠嶂,近处青松挺拔,远处草木葱茏,是沈周取庐山的崇高博大而赞誉其老师的精心之作。其画面淡墨层层皴染,浓墨逐层皴擦,无论是在绘画技法方面,还是在精神气度方面,皆为楷模。

长路漫漫,火车终于抵达九江,在汽车站又等了半天,行李还差点被偷。

终于上山了,车在山路上一路前行,山风吹来,炎暑顿消。庐山风景果然气势不凡,山峦高耸,峡谷幽深,松涛云海,尽收眼底。夜宿山中一小旅馆,晚上听涛声大作,寒气袭来,盖棉被方能入睡,与日间九江的赤日炎炎,真是两重世界。

天还未亮,我们就到含鄱口看日出。五老峰和太乙峰两山对峙,形如大口对着鄱阳湖,开始只见一片云烟,不久就见一道橘红色的光映在水面,豁然天空大亮,照亮了山,染红了水。雄奇险秀的大山,含着一汪湖水,与天相接,气势之大难以言表。我预感到庐山之行,会使我的画有气度上的变化。

果不其然,在庐山植物园的写生,使我对花鸟和山水相结合方面,有了新的认识,并把这一创作方法一直进行下去,使我的画境界大开。

我以前写生,多画折枝,一花一叶仔细描绘,解决形的问题,不过到公园花圃中写生,多是人工栽培的花。庐山植物园的花木,都是在山野中自然环境下生长的,所有植物的生长无不与自然环境息息相关,这是它真正的生命情态。

植物园位于庐山东南,含鄱口山谷中,四围环山,园内地形起伏,断层纵横,花木在坡石山间起起伏伏,是自然形成的原生态,完全不同于人工植物园。

植物生长在天然的大家庭中,各得其所,各有其态,这才是我想表现的生命生机,这才是我想表现的大野山花,从庐山写生之后,我的绘画视野开阔多了。

山上写生十数日,得画稿30余幅,秦老和学仲也硕果累累。我们还想去探三叠泉,"不到三叠泉,不算庐山客",这可是庐山的第一奇观。三叠泉在五老峰下,要从山下往上登,就得从陡岩峭壁上攀登。

下山后沿环山公路向星子县(现庐山市)方向走,到五老峰下,住进路边一小客栈。一进门就向店主打听去三叠泉的事,店家看看我们三人,摇了摇头说:"怕是你们难上去,无路可走呀。"又说:"看你们一大把年纪了,别费劲了。"看我们一个劲儿地问,他就又说:"住我们店的客人,这些年还没人上去过呢!我在这儿开店10多年了都没爬过三叠泉,这些年打柴的、采药的都不上去了,太荒了。"我们心里正感到无望的时候,小店又住进了两位客人,也是北京来的,是中医学院的科研人员,来庐山采药。他们二位常年在山野采药,有登山经验，带有各种缆绳刀具、防虫防毒蚊的药品。这太好了！我们约好一起登山，探三叠泉。

没想到第二天一早，他们说去不了啦，发现专业相机被盗，那是他们单位的宝呀，还配有拍标本的微拍镜头。他们要先分头报案找相机去，我们只好自行登山。

出门前店家还是不断叮嘱："试试不行就早点回来。"还给了我一根杆子，说："山上有蛇，遇到深草，别轻易下脚，先扒拉扒拉。"又给了我们几根刚摘下来的黄瓜，说路上可以解渴。

我们上山不久就找不到路了，好在大方向不会错，冲着五老峰去就行。坡越来越陡，路上全是石头，树也越来越稀少，就剩石头蛋子了，小石头也有磨盘大，大的有几间房那么大。我们等于在石头缝里择路，经常需要大步跨过，石头又圆又滑，不小心就会落入石缝。石隙黑洞还长满了茅草，看不见底。我们相互搀扶着，有时就在石头上匍匐前行。

前行两个多小时，大山扑面而来，离五老峰越来越近了，可以听到石缝中的水声。再往前走，水声越来越大，感觉声从天降，我们预感到三叠泉就在前面。又前行约半小时，感觉有点儿无望时，突现眼前两块大石相交，中间形成一个门洞，走近，犹如"芝麻开门"，门内铺天盖地一道水幕自天而降。我猛然想起，读《庐山纪游》时，书上说三叠泉前有玉川门，两崖峙立，垒石如门，涧溪急流飞奔，百川夺门而出。找到了！找到了！

慢慢走进石门，水汽扑面，衣服瞬间被打湿。找个山缝，避风背水，细观三叠泉。仰望苍穹，大水倾盆而下，高不见顶，循着天工琢成的三级看去，第一叠如巨龙吐水，喷涌而出；第二叠瀑面大展，两侧又有无数小瀑布蜿蜒而下，如龙吐须，又如百幅素练舞长空；第三叠，直落深潭，散珠喷雪。壮哉！三叠泉。

尽管时间已晚，怕天黑前回不去，但我们三人还是约好要画一小时写生，记录下这壮丽画面。

为了能多记录点东西，我用了一张素描纸，铅笔、钢笔、毛笔齐下，水墨、色彩齐上，既要记录当下形象，又要顾及深浅、明暗、凹凸、阴阳，还有质感、笔法等，能抓的尽量抓住。虽然这幅写生不伦不类，杂乱无章，但能给我带回许多信息，带来许多联想。

多少年来游三叠泉的印象，闭目如在眼前，每想起来，就会有一种抑制不住的创作冲动，我的心灵会与大自然雄浑之势融为一体，任由从天而降的瀑布在我胸中冲撞，借用大自然的气势和神力为我壮胆，这可能就是"从大自然中来，得江山之助"吧！

# 万里写生记——雁荡小龙湫遇险

文／郭怡孮

离开庐山，我们画兴正浓，决定再闯一山。虽然黄山的松石、云海、奇峰是许多画家首选的写生之地，但黄山将来去的机会较多，于是我们决定利用这次难得的机会，往更远的地方跑跑。我提议上雁荡，因为早在20世纪60年代初，我在中国美术馆看潘老的画展时，《雁荡山花》《小龙湫下一角》等以雁荡山为主题的一批画，就被那以山野为背景、把花卉寓于山水之区的大景花鸟画所震撼。那时我就决心在山水与花卉相结合上努力。雁荡的山花野卉、巉岩葛藤、清涧流泉时时在我梦中萦绕，我早就盼望着能实地去探索，看看潘老是怎样把这特定的自然景观转化成感人的画面的。

那时去雁荡交通很不便利，我们辗转从杭州乘火车到金华，再转汽车到温州，再到乐清，最后乘船过江，终于投入它的怀抱。

雁荡山势奇特，高山大石迎面扑来，巨崖如壁堵在眼前，展旗峰如大旗猎猎迎风高展，这种山怎么画？古人创造了大斧劈、小斧劈、披麻、折带等种种笔法，但画时还是要静下心来仔细分析。对山也要像对植物一样弄清它的特点，峰、峦、坡、嶂、岭、涧、壑、沟、谷都有什么不同，画起来会有什么特点，这些都要弄明白。弄清它的自然结构、物理结构、基本形态、基本性格，更有不同成因、不同地域、不同位置、不同气候、不同植被，以及春夏秋冬四季变化等。古人说的"春山如梦、夏山如滴、秋山如醉、冬山如玉"等不同的形态与意趣，都是需要进行科学的认知和深刻的感悟的。

我到了雁荡才知道什么是嶂，什么是峰，什么叫岭，什么叫峦，在表现方法上应该怎样强化它的特点。峰要表现它的险、秀、奇；岭就不一样，岭连绵不断不能用表现峰的笔法；那么峦呢？峦更大更复杂更有气势，层层叠叠；涧、壑、沟的种种险、幽、阴、深就又感受不同；坡比较缓，坝和塬是山中的平地，如房屋、舟桥一样是有人气的地方。山中有水有云有气，有各种各样的植被，我是通过对山的认识来认识花木植物的。要把这些基本结构、形态搞清楚了才能知道怎么下笔，怎么来画，追求什么，表现什么。有时需要画形，有时要表现气氛，有时要画感觉，这一切都需要最基本的认知。山就是山，大山有大山的气度，深山有深山的幽邃。

雁荡山的瀑布是驰名的，我自从探访了庐山三叠泉后对瀑布有了深刻的感受，那种气魄、动势和震耳的轰鸣声始终激荡着我。雁荡这里直泻而下的有大龙湫、小龙湫、三折瀑，其中大龙湫落差之大为中国瀑布之最，有"天下第一瀑"之誉。

我们转道灵岩寺，在寺内住下，就是为了去画小龙湫。小龙湫在灵岩寺左侧后边，离寺庙不过二三百米，这里悬崖环峙，我们沿着大山夹着的小路上登，走到尽头便是隐龙嶂，瀑布从天而降，流转飞洒，泻入潭中，潭水又从乱石间流出汇成卧龙溪，蜿蜒而下。这时天上正飘着小雨，山容变幻，极有画趣，我们各自选定位置，看好了卧龙溪中的几块大石，每块石头相距有10米，而且一块比一块大。因水不深，我们蹚水而过，秦老上了前面一块，我在中间，学仲在我后边，互相不会遮挡视线，卧龙溪水迎面流来，正对小龙湫，右边是一块高数十米、倾角约在30度的巨崖，可以为我们遮风挡雨。我们庆幸选择了这么个好地方，虽然雨不停地下，雨再大也不怕。

画了一会儿，雨越下越大了，小龙湫的水多了，而且右边的山下流成了许许多多小瀑布，古人所说的"山中一夜雨、树杪百重泉"的妙境，这次亲自体会到了，我好不开心。不一会

儿，雨越下越大，暴雨来临。我们有山崖遮挡，虽然淋不着，但四周已经白茫茫一片，再看旁边的山已变成万千条瀑布，流下的水涌入卧龙溪中，水流湍急，水位陡然增高。我立即意识到不好，要尽快上岸，下意识地连喊了几声，"山洪""山洪"……前面的秦岭云先生反应极快，抱着画具，三步五步就跨过溪水，急忙爬上3米高的公路；我收拾着画具，还在水里洗了洗颜色盒，涮了涮笔。但当我下到水里时，立即感觉不妙，水虽然不是很深，只到大腿部位，但坡陡水急，脚下的石头已经滚动，即使只走三五步也有被冲倒的危险。我立即把画具和120相机扔给站在大雨中的秦老，找准对面一块石头，顺水猛冲几步，死死抱住石头。我两脚已经漂起，秦老紧紧拉住我，我艰难地爬上岸，上岸后才发现我的两只塑料鞋已经脱落，被水冲走。

此时大雨倾盆，河水咆哮，四山全是水幕急流，我和秦老被淋得像落汤鸡一样，又惊又怕，眼巴巴地看着大石头上的王学仲，没想到王学仲竟然稳坐钓鱼台，还在那里写生。我们两人立即向他比画，因为喊声根本听不清，告诉他水流太大太急，立即设法上岸。我们担心万一水再大冲击了巨石（因为他爬上了水中的一块大石头蛋子，很容易流动），那就太危险了，掉进疯狂的急流中后果不堪想象。

当王学仲停下笔，查看眼前的情况，他已经完全被困在这块孤石上，根本下不来了。这一切就发生在几分钟之内，大自然的瞬息变化，老天爷的狂暴使我们恐惧。正在不知所措时，陪同我们来的温州文联的年轻人从住地跑过来

给我们送伞，他看到这种情况也惊呆了，立即跑回灵岩寺求救。后来听说他一进门就大喊："快救人呀！快救人，北京来的画家遇险了！"此时大雨倾盆，雷电交加，谁能有什么好方法呢？小伙子情急之下，竟然向众人下跪，声嘶力竭地喊着："救救北京来的画家！"灵岩寺的工作人员说在不远处住着一户守林员，快去看看他们有没有办法。小伙子立即冲进守林员的小屋，这是一个三口之家，夫妇二人和一个女儿常年在此驻守，这一家人听后二话没说带上绳子刀具，冒着大雨立即赶来。

此时王学仲蜷缩在大石上，一动也不敢动，眼见着溪水猛涨，本来水面离他有近3米，现在只有1米多了，而且狂煞骇人，水击石上，浪花飞溅，大有要吞没这块巨石之势。我和秦老紧紧盯着石头上的学仲，半步不敢离开，却毫无办法，只能盼望来人搭救。这时守林员夫妇赶来了，看了看情况，一句话没说扭头就跑。我心里想，完了，他们也没办法。但不一会儿，夫妇二人吃力地拖过来两根新砍下的大毛竹，迅速斫去竹枝竹叶，把竹竿一头搭在水中石上。这两根毛竹有二三丈长，小碗口粗，形成了一个竹桥，然后夫妇二人把两根大绳子抛过去，各据一根，让学仲系在腰上形成双保险，然后从竹竿上颤颤巍巍地爬过来。背上大雨瓢泼，身下急流滔天，终于得救了，这是我们这次写生的第三次遇险，也是最危急的一次。

学仲也是见过风浪之人，经此厄难，叹为再生，诗人的赋性勃发，专门写了一首长歌，我把它录在这里。

**龙湫落险歌**（并序）

戊午秋，余游灵岩。山民言之，大小两龙湫，山洪为大瀑。乃待骤雨而至。予游山，辄登险巅危石上，以穷其奇。及据小龙湫巨石上，观瀑之兴方酣，暴雨洪峰急湍喷薄，势欲夺人吞屋而去矣！同游秦岭云、郭怡琮、林场李以进巫生营救之方，支竿垂索始脱其厄。因书长歌，纪重生也。

龙湫大小瀑，隐隐双白龙。大湫名其父，小湫子其中。晴日不可见，一雨出遥空。今先探其子，久闻云乘龙。髯鬣攀石发。蹒跚跨峭丛。谈龙世人好，谁得亲其躬？我入飞瀑百丈下，一朝深邃造其宫。飞沫扑朔迷人目，吹雨飘忽发空蒙。千岩崦嵫珠纷落，绿树葱茏列高嶺。我据危石呼龙子，龙子突来趁山洪。长舌呼呼振其鬣，攫石眈眈射双瞳。片片鳞甲讶飞雪，巨吼声声耳欲聋。慑其威，惧其雄，我畏龙至如叶公。蛙伏蟠吊盘石角，上既不能下漩涡。龙夺手中笔，爪裂衫与脚。汹汹灭顶厄匆刻，龙子震怒犯其窝。死生之际意转定，为问龙子意云何？长吉昔赴绯衣召，玉楼为帝事吟哦。叹余才薄空无物，但嗜狂草吟长歌。遗言传付妻若子，今去龙宫随鼋鼍。龙言速去何畏死，大湫尚有子之爷。授我长竿作渡楫，绳索结缆如桥过。寒生股栗攀缘上，归来喜迎友朋多。呜呼！人生险夷何足论，遍访龙潭走山河。龙父大，龙子小，登大湫，化飞鸟，再访龙父待明晓。下视小湫潜，上视大湫渺。大湫又何处？百丈树之杪。畏险不入龙潭深，焉得两龙齐见了！

李以进夫妇人极诚朴，把我们接到家中，立即让十几岁的女儿烧水，让我们冲洗。脱下的湿衣服女儿也拿去洗，甚至内衣内裤也拿走了，我们一时没的换，他就让我们在床上披着被子暖和暖和。这时我们才感觉到浑身发抖，是惊吓、寒冷还是感激？不一会儿女主人端上热汤热饭，我们都盘腿端坐在床上，披着棉被，捧着饭碗吃了一顿最香的农家饭。这救命之恩怎么回报？还是用我们的看家本领，真心诚意地为他们画幅画吧。我们等不及回住地，就在他家炕上铺摊。这么画画平生还是第一次，真正体会了什么叫"解衣盘礴"。画完之后虽然主人一再称谢，我们总感到人家的情太重，我们的回报太轻，这真是"秀才人情一张纸"。不多会儿洗的衣服已经烘干，我的两只鞋冲走了，穿上了男主人的一双胶鞋。大雨已停，雨洗山乡，青翠欲滴，晴光泼眼，我们干干净净地回到了灵岩寺住地，寺里的人见我们安全归来也都放心了，北京画家在小龙湫遇险的消息很快就传遍了雁荡山。

第二天来雁荡的人特别多，许多是摄影家和摄影爱好者，专门来拍瀑布，都说近10多年没遇到过这么大的暴雨了，昨日在温州就听到了我们遇险的消息。一个老摄影家对我们说，你们可真有福气，我来过10多次从来没看到过这样的大龙湫。

我们也是一大早就直奔离住地20多公里的大龙湫，路过小龙湫时，我还捡到了昨天冲走的一只鞋，夹在大水已退的石缝中。

大龙湫是我国四大瀑布中落差最大的，从连云嶂崖顶飞流直下，约有190米。特大暴雨过后，水如怒龙猛扑深潭，震天撼地，50米以上是水，50米以下化为云烟雾气，再加上风大，人站在潭边如在疾风暴雨中，任凭大自然洗刷。我痴痴地站在那里，这是难得的一种享受，大自然的魅力如此之大。

# 欧洲研修记
## ——巴黎国际艺术城研修记

文／郭怡琮

1990 年前后，我有一种强烈的出国去看看的冲动，其原因有以下三点：

一、改革开放已经开始，西方新的艺术观念大量涌入，我也卷入了国内突然兴起的学习美学的热潮中，更因八五美术思潮后，青年画家思想极为活跃，学生们有强烈的探索变革意识，课很难教，我既无法有力地反驳，也无法有说服力地引导，所以想出去亲眼看看。

二、我一向主张两头深入，既有传统，又向外面，不真正出去看看，怎么能做到有学有守？以前见到的西方原作，毕竟是太少了，我要去亲眼拜读这些名作，观其形，品其味。我是迟到的学生，有着一种急迫的补课心态。

三、因教学太累了，系里的工作也遇到了许多困难，我有换换环境喘口气的想法。中央美术学院由世界银行资助了一个在法国巴黎国际艺术城的画室，美院已经有多位先生申请去过，就是往返旅费及国外生活费、医疗保健费及其他意外事故等开支均由个人自理。

学校承担画室管理费，这是个不小的费用，我个人承担画室使用费，也就是物业费，包括水、电、煤气、电话、保洁等费用。学校批准后，又向文化部报批，明确写明持因私护照出国，并向文化部外事司、计财司申请一定的兑换外汇额度。当时出国一趟真的是太不容易了，政治上还要由系领导担保，黄润华系主任为我写了担保书，摁上了手印。最使我不解的是，出国前一定要注销户口，所以至今我的户口本上写的我是 1992 年从法国迁入的。尽管要办理许许多多的手续，但批下来的时候，我还是十分兴奋。20 世纪的巴黎不但是世界绘画之都，而且是世界文化交流之都，巴黎国际艺术城更是都中之都，来自世界各地的艺术家在这里融会交流，终于能够到西方艺术的中心法国巴黎的国际艺术城研修了。

巴黎国际艺术城由法国外交部、文化部和巴黎市政府三方管辖，由布鲁诺基金会出资管理，这里设有数百间工作室，每年接待上千名来自世界各地的音乐、美术、戏剧、舞蹈等卓有成就的艺术家，是公认的跨国界、跨艺术门类的艺术交流平台。其宗旨是为世界各国的艺术家在巴黎工作、学习提供创作空间，促进各

国艺术家之间的交流，并提供艺术家展示自己才华的平台。对我来说，这是一个绝好的学习机会。

旅法之前，我做了一些力所能及的准备，但我深知此行将困难重重，因为我一句法语不懂，英语也仅认识字母而已。当年我们这一代人多数学的是俄语，这就决定了，我到了法国就是个"残疾人"，既聋又哑，又是文盲；这也就决定了，我要度过相当一段用眼睛、用心去多看多思多想的岁月。

行前我还抓紧时间，通读了一遍西方美术史。急用急学，大线条理了一遍。我又走访了近年去过国际艺术城的画家，诸如去过中国美术家协会吕霞光画室的董福章、戴克鉴先生，去过中央美院画室的李化吉、黄润华、姚治华、李行简、赵宁安等，他们详细地给我介绍了在巴黎的一些情况，还介绍了一些可以提供帮助的朋友，如叶诚、叶汉、潘风、叶星球，还有从国内去的江大海、祖慰等，特别是使馆文化处的蒲通先生。

董福章还带我拜访了我国前驻法大使周觉先生。周大使详细给我介绍了中法文化交流的一些情况，并谈到了三四十年代去法的一些老前辈，吕霞光、赵无极、朱德群等，都为中法文化交流做出了不少贡献。对我们这一批艺术家去法国研修给予了很大的鼓励和希望，并说大使馆文化处、教育处都是我们的坚强后盾。我心里就有底多了。

临行前，我和夫人邵昌弟去拜访了廖静文、吴作人和萧淑芳先生，向他们汇报了要去法国研修的事，他们都十分高兴。廖先生特别嘱咐我，还是要学点法文。她说她的孩子都是用悲鸿先生用过的录音机自学的法文，没感到多么困难。吴作人先生为我题写了"郭怡孮画展"几个字，是为我在国际艺术城办展用的。那一天吴先生、萧先生都很开心，与我

谈了很长时间。临走时萧先生说："你明天再来一趟，帮我们带几封信。"第二天一早我就到了他们的住地老虎庙华侨公寓，到传达室登记时，值班人员认识我，说萧先生把信写好，放在这里了，让我拿去。一共三封信，是分别写给吕霞光、熊秉明、赵无极先生的。信是吴先生亲笔写的，落款是吴作人、萧淑芳二位，信中除开头几句问候的话语之外，完全是专门为我写的。信中主要是介绍了我的情况，对我去法国充满着期望，并深情地嘱托三位先生对我要关照。我十分感动，始终心存感激，心想我不真学点什么回来，绝对对不起吴先生、萧先生对我的关爱。

我和我院油画教师王益鹏先生顺利抵达巴黎，我国大使馆文化处的蒲通先生早在机场迎候，一切都很顺利，乘车一小时后，到达了巴黎市中心的国际艺术城。

国际艺术城坐落在塞纳河畔，由两幢白色的大楼组成。在画室中推窗就可以望见河对面的巴黎圣母院，时时能听到圣母院的钟声。

艺术城为进驻的各国艺术家提供了学习和交流的良好条件，在内部可以互相观摩展览，观看演唱演奏会等。其还提供了与市内各博物馆的互动交流活动，参观市内所有博物馆都可以凭证免费。

# 欧洲研修记
## ——巴黎　博物馆之都

文 / 郭怡琮

拜佛先进庙，博物馆就是艺术的庙堂。巴黎有大大小小数百家博物馆，巴黎还有众多的文化场所，我们怀着兴奋的心情，开始设计规划预案。王益鹏戏说："我们俩是鬼子进村了，大街小巷扫荡一遍。"对我来说，这是一场全新的文化之旅。刚到巴黎，就遇到了一个盛大的节日。入住巴黎国际艺术城的第二天，七月十四日，正是法国大革命纪念日。听说在香榭丽舍大街有游行和阅兵，检阅台设在凯旋门，我和王云鹏就动了心，想去看看这法国国庆大游行的阵势。

艺术城出门就有地铁站，可以直达凯旋门。一早我俩就上了车，担心那里会不会因为重大活动封站，没想到畅通无阻，随着人群走上来，触目便是凯旋门前临时搭设的检阅台。

沿街两边满是观众，秩序井然，我俩站到了第一排。宽广的香榭丽舍大街上空无一人，道路两旁是高大的法国梧桐，只见每隔10米左右站着一个警察，静待游行开始。

十点整，庆典开始，礼炮轰鸣，走在最前面的是仪仗队、军乐队，全部古典盛装，有点中世纪的味道。紧跟着是马队，高头大马，披挂十分精美，

骑乘的武士一身铠甲，就像看古典西洋大片一样，从我的眼前一幕幕闪过。这是原汁原味的法国文化。

马队簇拥着总统的检阅车，此时天上飞机低空掠过，拉出红、白、蓝三色法国国旗的烟雾，在凯旋门上空久久不散。

阅兵开始，坦克车轰隆开来，各军种兵种，各种不同的炮车、导弹车，一律涂抹着沙漠保护色，风尘仆仆。再看那些士兵，似乎都带着战场的硝烟，脸上还涂着各色的油彩，原来这是刚刚从中东战场上撤下来的战士。

阅兵后就开始了群众游行，突然又是另外一种感觉。群众自发而来，没有组织，信步而行。有推童车的，也有肩扛着小孩的，有挽手搭肩的，熙熙攘攘，街边的群众也纷纷加入。我和益鹏乘兴跟着走了一段，过了凯旋门，游行队伍自行解散。

来法第一天，就经历了大场面，这里也有很大的文化含量呀！节庆文化、古典的现代的礼仪文化、服饰文化……游行中透露出来的文化气息，展现出了法兰西特有的风采。

我心里已有个初步的计划，拿出一个月时间走访巴黎地区的文化场所，先从博物馆、美术馆开始，

粗粗看一遍,然后再仔细挑选重点深入。

从卢浮宫开始,然后是奥赛美术馆、蓬皮杜艺术中心,按照这个顺序就把从古典到印象派到现代艺术连起来了。

要看的馆实在太多了。橘园美术馆,那里有为莫奈晚年睡莲池塘专门设计的圆形展厅;凡尔赛宫(历史博物馆)、小皇宫(市立美术馆),在这里可以尽览那些宫廷皇室大事的写真纪实之作。现代艺术馆、东方美术馆、非洲和大洋洲美术馆,各馆都有各馆的特色,各馆都有自己的镇馆之宝。

还有那么多个人美术馆、纪念馆。有国立的,也有私立的。我参观了罗丹馆、德拉克洛瓦馆、巴尔扎克馆……这些馆都极有特色,有着时代的记忆,真让人感觉他们还在汽油灯下工作着,画室里似乎还散发着松香水的味道……

在巴黎走着走着,就会遇到写有 Musée(博物馆)的标牌,可以自由进出参观。规模不一,内容各异,相同的是对文化遗存的尊重。有些馆是由名家后人来管理的,他们会非常热情地接待你,这种风气由来已久。我感受最深的就是国家对文化的尊重,人民对民族文化的尊重和自豪,在这方面我们有很多可学的地方。

顺带一句,从那时起,我就萌生了把我父亲的故居办成故居纪念馆的想法。在我国,个人美术馆太少了,徐悲鸿纪念馆是最早的,我父亲曾为徐先生纪念馆的筹备开馆花费了多年的精力。如今父亲作为新花鸟画的开拓者在艺术上的贡献已得到社会肯定,能不能将其故居变为纪念馆呢?回国后我先征得母亲等家人的同意,把房屋和作品提供出来,这得到了家乡潍坊市区政府的积极支持。吴作人先生为故居纪念馆题写了匾额,许多书画家赠书赠画,

我从法国回来不到 1 年的时间就开馆了,至今已经整整 30 年,故居也早已成为山东省级文物保护单位、青少年爱国主义教育基地,这也是我旅法访学的收获吧。

我走上蒙马特高地,著名的蒙马特广场就是一个露天大画室,这里是艺术之都最浪漫的地方。沿街的每一个房间都诉说着艺术家的故事,走着走着就会发现惊喜,原来那些大画家当年就是在这里自由而艰难地生活和工作的,仿佛还保留着当年的气息。现在广场上有数百家画摊,现场售画,尤其是各式各样的人在此画像,每个场景都吸引着无数游客围观。从专业角度来看,画的水平并不高,特别是素描写生头像的水平挺差的,如果是我们的美院同学来摆摊,恐怕这些画家的饭碗就难保了。有些阿拉伯人专门画漫画人像,夸张得很厉害,那倒是一绝。听说还有位中国老太太也是这里的摊主,水平还是不错的。

我走进各色画廊,古典的、当代的、架上的、装置的,从世界级的大画廊,到巴黎十三区里那些只有十几平方米的中国小画廊,各有各的经营之道,各有各的主顾。

我竟然还看到了几幅林风眠早年在法国画的水彩写生,价钱并不高,但和其晚年的作品差别太大,既不敢认,更不敢买。

进而我把视野再扩大,扩大到文化景观,扩大到走街串巷,埃菲尔铁塔、协和广场、大小凯旋门、大小皇宫、巴士底狱、市政大厦,这些都是必须看的。

看完老的看新的,进入新市区拉德芳斯,那里和古老的巴黎街区紧紧相连,却是一片新天地。我去观赏那最现代的建筑,以及建筑之间的现代雕塑、各种装置,感想颇多。

看文化还要进教堂,于是圣心大教堂、巴黎圣

母院等地也是我常去的地方。巴黎圣母院离艺术城极近，有空我就会穿过马路，走过塞纳河上的一座小桥，来到圣母院前的广场，坐在那舒适的长凳上，欣赏各国来的游客。我在这里度过了 1990 年的圣诞之夜，看那些虔诚的青年男女在摇曳的烛光前默默许愿，我抓拍了许多唯美的有情调的镜头。

我喜欢巴黎的夜，不论是霓虹灯下精美的橱窗，还是小巷里那一盏盏路灯照射下的斑斑树影。我还从生活费中挤出 300 法郎去塞纳河上乘船夜游。伴随着一声汽笛，游船慢慢驶入巴黎的夜风中，船上彩色的探照灯不断变换着光色，射到两岸古老的建筑上，与白天的感觉完全不同。我用摄像机不停地记录，有时把光圈调到最大，焦聚拉到最近，使画面模糊，只留下一道道色彩的光晕，回来一看超级印象，既魔幻又很现实。船上自有音乐，实录下来根本不用制作配音。

我又下狠心买了昂贵的巴黎歌剧院的票，于是我也打了领带，穿上礼服，一本正经地看了一场音乐会，体验了一次贵族的生活。

还有红磨坊，20 世纪初法国的罗曼史在这里继续演绎着，让我突然想起德加那些了不起的舞女作品，舞台上、排练中、休息中的，那些生动至极的画面扑面而来。我叹服德加在现实生活面前，勇敢地抛弃了传统的绘画手法和工具材料，使其描绘的人物更加鲜活。

我暂时忘记了在北京那每天 3 个多小时骑着自行车匆匆上下班的时光，悠然走在巴黎的大街小巷，看街头、公园里、建筑上、桥上那无处不在的各种雕塑，那大片的城市林木、草坪、喷水池。特别是古老的小巷里，我踏着那上百年的石板路，看每一个窗前雕花铁栏上挂满盆花，花开得十分艳丽。我奇怪怎么能养护得那么好，这得有多大的耐心去照料。我对着一个个小窗拍照，那就是一幅幅精美的国画。巴黎人家那种对美的追求，对阳光和空气的热爱，构成了这个城市的文化氛围。

我还走进各种超市、精品店、文物店、专卖店、跳蚤市场，在最高档的书店里买一本最新出的高档画册会爱不释手，也会在跳蚤市场的小摊上买论堆的水果和蔬菜认为捡了大便宜。特别是每到周末，塞纳河边的小书摊、杂货摊，我几乎必至。这里能买到旧画册、画片、明信片和世界各国的邮票，尤其是名画邮品，甚至还会遇到中国的旧年画和老照片，都很便宜，花不了几个子儿。

当然，巴黎也有巴黎的问题、巴黎的苦恼。我曾多次因地铁工人罢工而不能及时回到住处；我也见到很多明明有劳动能力而在路上常年讨要的懒人，后来才知道一些年轻人是因为失去信用而找不到工作。我亲眼见到有人抢走了我身边一位女士的挎包。但这些都掩盖不了巴黎这个文化之都的光芒，四处显现的这种对文化的尊重和自豪使我感动，只有深入社会的角角落落，才会有更多更深的感受。尽管法国现在并不是经济最发达的国家，但依然受到人们的尊重，文化才是一个国家的灵魂，文化才是社会发展恒久的动力。

亲眼见见这西方文明发展的重镇，才能知己知彼，才能有学有守。视野开阔了也就有了比较，我的思想也逐渐开放。我希望能够推开中西文化的围墙，把能吸收的尽量吸收进来。世界的眼光和民族的立场并不矛盾，寻根意识和全球意识也可以共进。

# 欧洲研修记
## ——卢浮宫里千寻秀

文 / 郭怡综

　　我开始重点参观学习了，这第一堂课就在卢浮宫。这座世界著名的艺术殿堂实在是太大了，分希腊罗马艺术馆、埃及艺术馆、东方艺术馆、绘画馆、雕刻馆和装饰艺术馆，有200多个展厅。如果只去参观一天，那是跑马看花也看不过来的，我前前后后去了有20多次。

　　当我初次走进它时，一眼就看到了贝聿铭设计的那个三角玻璃金字塔型建筑，我不禁觉得有点好笑，法兰西的皇宫建筑群，典型的巴洛克风格，怎么容得下这么一个不搭调的东西呢？巴黎就是这么开放！就是这么标新立异！

　　当我走进这座金字塔时，我才真正感到这位东方建筑大师的智慧，也知道了它为什么会被巴黎和世界接受了。

　　进门乘扶梯下到大堂，和地上的景观完全不同，第一感觉就是一个现代航空港，宽广明亮。四周有多路自动扶梯，标牌分明，很容易找到你要参观的场馆，把你送到你想去的展厅。这个迷宫一样的地方一下变得那么顺畅、自然、和谐、有序。

　　我走进这艺术史的洪流之中，从狮身人面像到那彩绘精致的木乃伊，从高大的两河流域的牛头拱门，到彩色玻璃砖拼成的壁画长廊。我穿行在古希腊、古罗马时期的雕塑群中，需仰视方见全貌，那种美感，那种体感、质感、势感、力量感，使我敬畏，如同儿时走到大庙里看见那哼哈二将的感觉，却又是全然不同的形态，雕塑开始使我着迷了。

　　我去寻找维纳斯，这人类雕塑史上的巅峰之作，其实根本用不着寻找，只要你看到哪里观众最多，他们必然是围着维纳斯。小时候父亲的画室里就摆着一尊维纳斯的雕像，今天终于看到原作。

　　走近她，和以前常见的小小的复制品完全不是一回事，人们说她是美的化身，是爱的女神，在这里可以最近距离地欣赏其形体之美、动态之美、线条之美，还有残缺之美。

　　在通向二楼的大理石台阶上，高高耸立着

胜利女神像，这个位置给了女神一个极为开阔的空间，似乎还是当年她面对爱琴海的模样。我久久地仰望着，女神站立在设计成战舰的船头上，迎风而来，她那展翅欲飞的雄强的羽翼，给人一种激情和力量，那飘逸的衣纹，大有曹衣出水之感，飘飘欲仙。人们纷纷在这个司掌胜利、好运、成功的塑像前留影。

从胜利女神尼克的面前拾级而上，就是被称为"大画廊"的两个大展厅，大展厅的四面又连通着无数个小展厅。

大展厅的画，许多都是美术史书上的名作，向往已久的作品，近在眼前，和以前画册上见到的差别太大了。眼前的这些作品，是鲜艳的、个性的、深情的，我静下心来，慢慢去体味那细致入微的色调变化和笔触中传递出的各种信息，我陶醉于那种"看进去"的感觉，似乎进入了与作者对话的情境之中。

来到各个小展厅，许多画作我都不太熟悉了，语言的限制，很多画我都叫不出名字，弄不清作者。这时候同行的油画家王益鹏先生就是我的导师，他会告诉我"这幅画是莫奈的画""这幅画是凡·高的画""这位作者也是巴比松画派的代表画家""这是某流派的创始人"等，我是在这里补西方美术史的课。

卢浮宫里是可以对原作直接临摹的，我国许多前辈油画家都在这里临过画，王益鹏先生凭艺术城的证件也办理了临摹证，和各国的艺术家一起，支起了画架。在这艺术的殿堂里，静静对临的感觉真的很好，这里仿佛变成了一个大课堂，每天回来益鹏都会和我分享他临摹的收获。

我有时会在卢浮宫中舒适的长凳上坐下来，不再去看画，而是去看人。看那些被带有巨大魔力的艺术品所吸引的人，看不同国籍、不同年龄的人的各种神态和表情，那种虔诚、专注与满足，观众的艺术教养也使我感动。

由于离我住的国际艺术城极近，我也经常晚上步行来到这里。卢浮宫前有个广场，展厅里已经寂静下来了，但广场上仍然十分热闹。这里有个大喷水池，随时变幻着不同的水花，彩灯映衬下光影斑驳，人们坐在池边，伸手就能摸到水。盛暑时候很多人会把脚也伸到池中，儿童就跳到水中嬉戏，有的老人也挽起裤子下去蹚水，都快变成游泳池了。我也一改一贯的拘谨，把脚伸到池中，摆弄着水花，度过卢浮宫前的浪漫之夜。

# 欧洲研修记
## ——奥赛　印象派和写意观

文／郭怡孮

卢浮宫的对面，过了塞纳河就是奥赛博物馆，这里陈列着从 1848 年到 1914 年以印象派为主的精美之作。印象派绘画是我最想了解、最喜欢，也是最想借鉴的。奥赛博物馆是 1900 年法国为举办万国博览会而修建的火车站，闲置几十年后重新装修，场馆非常明亮，可用典雅、现代来形容。宽阔的大厅，高大的空间，拱形的玻璃天窗，自然光透射下来，就像印象派画家走出画室来到大自然中同样的感受，和卢浮宫那深宫古殿形成了鲜明的对照。那些充满着活力、新鲜感、创造力、革命性的印象派绘画作品，和这展出的环境相得益彰。

当我面对莫奈、雷诺阿、毕沙罗、德加、西蒙、凡·高、高更、塞尚这些名家的名作时，当我面对那众多以前从没在画册上见过、首次谋面的作品时，我感到一阵阵的惊喜，我的心也和画中散发的激情一样，激烈地跳动着。

我真的感到了印象派的诞生，相对于古典绘画来说，就是一场革命。甚至感到那就像法国大革命，像蒸汽机的发明一样，开启了一个新纪元。文化革命和社会革命是同步的。

看画展时，我每天都会写些心得笔记，有时候就在现场随看随记。

"读原著，看原作，画都是活生生的，有温度，有生命，有节律。画和我对悟、交流，有一种莫名的亲切感。"

"画得怎么那么真诚，那么朴实，没有一点儿虚假，没有一点儿故弄玄虚，没有造作修饰，这是艺术家真情的投入。相比之下，当下的人心浮气躁、急于求成，矫揉造作之风盛行，自己也有如此毛病，深感惭愧。"

"深感画家是人类文明智慧的忠诚的记录者，画中这么有历史感，中国人说'笔墨当随时代'，表现时代是画家们永远的社会责任。"

在参观的过程中，我惊叹印象派画家对光的敏感和把握，赞叹他们捕捉瞬间变化的能力，但我也注意到了其与中国色彩观的相同和不同，我在笔记上写道：

"印象派画家只认固定的光源，强调固定光源下的真实，那只是一时一地的真实。中国画的色彩观是客观的，也是主观的。"

"如果只强调一时一地的真实，那画家是被动的，形象和色彩如果过于写实，走着走着画家就会感到走投无路。"

"中国画的色彩，不受固定光源的影响，色彩是心中的光，是心中的圣光，色彩有其独立性的一面，在吸收印象派色彩的优秀之时，我更要认真研究中国画的色彩。"

渐渐地，我为印象派作品中的笔触所吸引，我开始研究用笔，研究其和中国画用笔的异同，并得出了一些新的体会。

"印象派画家一改传统的画法，特别讲究用笔，我认为他们把笔解放了，把笔提高到可以独立审美的高度。节律、强弱、起伏、变化……不同的笔触成了印象派画家表达情感的重要手段。"

"印象派画家深入体验着、创造着笔触的魅力，虽然他们只是用号码不同的平头油画笔，不像中国毛笔那么变化多样，但我感受到了他们用笔的讲究，如同外科医生在用手术刀一样，有时又会感到那用笔如同对爱人轻轻地、深情地抚摸一样，投入了全身心的感情。"

"细细体味这些笔触，会感到不同趣味的审美体验，有的如似水柔情，有的如窃窃私语，有的直探你的心扉深处。更不用说像凡·高那样激情如烈焰的笔触，散发着精神深处的情感密码。我感到凡·高的笔就像一个指挥棒，所有的节奏、旋律、韵律、情感都从笔底流出。"

"印象派的笔触之功是我们应该学习的，但是和中国画的用笔用线还是相差太多，中国人对笔的运用，对线条的讲究，以及线条的独立审美方式，我认为这是西画未来发展中要借鉴的东方因素。"

以上都是当时记录的感受，虽然有一时的激动，但印象派确实是西方绘画发展过程中呈现的一个高峰。印象派以后的高峰反而有点散了，是各种流派的无数闪光点，难以集结成大军，有的会自生自灭。

看完奥赛博物馆，我思考最多、感受最深的就是印象派和中国的写意画有了更多的共同点。

我甚至怀疑"印象派"这个名字是否很准确，这些作品不是"印象"二字可以概括的，有具象，有写实，有抽象，更有心象、意象，这不就是中国的写意观吗？我感到中西绘画发展到这时候，两条并行的线找到了最近的交合可能。既强调客观真实，又重视主观感受；既有具象的表达，又有抽象的概括；既重视物象的再现，又强化心灵的表现。这些对立的方面并没有互相排斥，而是有机地结合成一体。

这一点印象派确实受到了东方绘画的影响，当时日本的浮世绘让许多西方大家着迷，那时候闭关锁国的中国艺术的传播能力，远不如明治维新后的日本。如果那些西方画家能见到石涛、八大山人、扬州八家的作品，哪怕是杨柳青、杨家埠的年画，都会使他们着迷。

印象派以后，西方绘画又进入了一个新的阶段，产生了各种流派，自生自灭。但印象派在世界美术史上的地位极其重要，中西绘画的这个相距最近的点具有重要意义。

我深信在中西绘画发展融合上，特别是康有为当年欧洲考察以后所说的"合中西为画学新纪元"的想法，也会实现。相互融合，相互吸收，在中间地带的开发上，中国人有得"祖"独厚的高智商。

# 欧洲研修记
## ——搜尽奇峰

文／郭怡孮

石涛说"搜尽奇峰打草稿"，石谿说"一日坐透苔几层"，这都是艺术创作的深入之道。我需要遍览群山，也需要潜心静悟，渐渐我的目光穿透画面，我要去寻访画外的东西，我要尽可能探本求源，去追寻那些作品的灵魂诞生处。于是我开始了问道之旅。

我首先来到了罗丹的故居——巴黎罗丹美术馆。在参观卢浮宫时我就对雕塑的魅力肃然起敬，对雕塑与绘画的关系有了新的认识，来到罗丹美术馆，可以用"震惊"二字来形容我的感受。

走进大门，庭园开阔，迎面就是罗丹用近30年时间打造的"地狱之门"，摄人心魄。院中还摆放着许许多多完成和未完成的大型作品，似乎主人还在工作，寂静中传来叮当的敲击声。

走进工作室，看到那些数量惊人的作品，感叹一个人一生怎么会有这么大的精力，《青铜时代》《思想者》《巴尔扎克》……一尊尊都来到眼前，一个个都是活脱脱的生命。

我更感叹每一件作品都那么精到，那么充满着精神的力度，罗丹是一位把情感发泄到淋漓尽致的雕塑家。

听说罗丹在雕塑巴尔扎克时，他的一位朋友来访，极力称赞巴尔扎克的手雕得太好了，太生动了，没想到朋友走后，罗丹竟把雕好的巴尔扎克的手给打掉了。他不能让细节影响人们欣赏整体，他对极致追求到如此地步。

我站在"吻"这组雕像前，原来只知道是一件作品，没想到他为这件作品做了那么多小稿。从线描、素描到泥雕小稿，到各种变体，不同的神情姿态，把但丁《神曲》中这对少年少女的纯真爱情表达得淋漓尽致。

看多了，我的思想也活跃了很多，我想到雕塑和绘画的关系，想到中国画能否借用他山之石。我以前对中国的雕塑了解得太少，更没想到雕塑和绘画的关系如此之大。

想当年我也被云南筇竹寺的五百罗汉所震

撼，怎么就那么传神，后来听寺里的方丈说，20 世纪 60 年代，范曾曾在庙里住了很长时间，用白描去临摹这些罗汉像，练就了一手好线。

我也曾去太原晋祠观赏圣母殿中的彩绘泥塑，端庄的圣母，众多女官、侍姬神情姿态自然而生动。那次是和雕塑家钱绍武先生一同去的，钱先生给我做了特别有激情的介绍。他讲解了每一尊塑像的地位、神情、个性，使我感受到这组群像的庄重、美丽、善良和尊严。钱先生指着那各异的表情和神态，述说着雕塑的魅力，我那时只有赞叹，还没有联想到怎么把雕塑的因素应用到绘画上。

经过这次欧游之行，我似乎有点开悟了，认识到西方绘画走向成熟，从文艺复兴开始，雕塑就是重要的一根支柱。

当前我们怎么能用上雕塑元素呢？学西画不都是从画石膏像开始吗，不都是从体面结构来认识吗？中国的笔、墨、线，不也都是讲结构吗？这些年来，我们对中国画造型的研究，是否也能从雕塑中借鉴呢？教学中讨论了很多年了，从白描、线描、素描的关系，到结构素描概念的提出；从徐、蒋体系到契斯佳科夫，再到尼古拉 · 费钦、埃乌琴 · 博巴的素描，这对中国画的造型训练不都是有意义的吗？

一个画面的建构（包括中国画）就是一座雕塑，就是一座建筑，要植柱构梁。我想到了潘天寿的画，雕塑感很强，建筑感很强，很现代；我想到李苦禅常用摆墨法，把墨一笔一笔按物态结构摆上去，这不正和雕塑的手法一样吗？

源头都是相通的呀！

我来到枫丹白露，这是我魂牵梦绕的地方，她美丽的名字，早就引起我无尽的遐思，艳如丹砂的枫林，在轻风摇曳的晨曦，沐浴着夏露

秋霜。这个被徐志摩译为"芳丹薄罗"的地方，是巴比松画派的诞生地。19 世纪三四十年代那些革新的画家在这里聚集，他们投入大自然的怀抱，定居在这里，用心灵和画笔去探索大自然的内在生命，表达对大自然的深切感悟。

来到这个艺术小镇，它似乎还是当年的模样，散发着浓浓的艺术气息。见到了当年柯罗、卢梭、米勒等经常相聚的那个咖啡馆，椅子都空着，我们坐下来，品味这简朴的村镇，想到这些艺术家当年走出学院派的画室，面对最朴素的生活、最平凡的人物和原生态的林木，真实地去观察和表现，竟然催生了印象派。

我急切地步入画家们反复描绘的那片森林，一进林地，清风习习，苔封藓绣，树木郁郁葱葱。一块花岗岩雕成的石碑，迎面而立，光影斑驳，几个浮雕头像镌刻在中央，下面庄严地排列着文字。我本以为这是画家的石碑，当叶诚先生为我翻译文字的内容时，才知道那是画家爱护环境、保护森林的倡议书。早在 20 世纪初，这些画家在深深体验着大自然的诗意醇美的同时，也告诫人们要爱护这人类赖以生存更是精神寄托的大自然，我为之感动。

我席地而坐，眼前流水潺潺，绿荫婆娑，忽然有一种把袂欧洲诸贤的感觉，似乎我和他们临流对晤，交谈甚欢。

我走进米勒的故居，那是一个普通农家小院，实在小得可怜。没有一间正房，没有一个方方正正的院子，那间临街的房子甚至不太透光，米勒竟在这里住了 27 年，创作了那么多厚重的作品。在不规则的三角形院落中，他的一位后人接待了我们。

米勒是写实主义画家的代表，他的杰作《播种者》《拾穗》《晚钟》《倚锄的男子》，雕

塑般地深印在我的心里，这些作品不但极为真实，而且有着强烈的象征意义。在对身边的农民生活的表现中，他发现了普通人的人性之美的不朽价值，我感到了一种永恒，这是米勒精神的化身。这些农民的形象在我的心目中，比凡尔赛宫里那些帝王的形象要高大得多。我走过他家门前，他画中那辆老式的车还静静地安放在麦田里……

我走进凡·高的故乡，站在他画乌鸦麦田的地方，一张印着复制品的铁牌，竖立在他当年写生的地方。我眼前麦浪滚滚，虽然此时乌鸦没有掠过，但凡·高内心的风暴似乎也在我脑海中灼烧。

我去轻轻地敲，慢慢地推开他画的那位加歇医生的家门，小村中回荡着我的敲门声。叶诚先生告诉我，医生的后人不愿意别人打扰，我在门前长久停伫。

我要寻找到一处凡·高当年的写生地，去对照作品和实景的区别，以便探究先生创作时的心路历程。我要知道实际景物是怎么转换成他激情四射的作品的。我站在奥维尔教堂前，教堂灰色的小楼静静地立在那里，似乎在等待着我的到来，四周了无一人。作品中那深蓝色的天空、暖色的建筑和完美的田野……我明白了，作者已将知觉和幻觉结合，眼前的色彩已被心中的色彩所代替，去尽情表现生命中的燃烧之火。

我走进凡·高的墓地，守墓人明白了我们这几位中国人的来意，特例放我们进去。虽然我事先听说凡·高兄弟的墓非常简单，真没有想到简单到如此地步。在墓园的一个边缘，平躺着两块石碑，四周没有任何摆设，与周围装饰精美的墓地相比显得十分寒酸。我静静地立

在墓前，慢慢发现其他的墓都是经过人工雕凿和装饰的，唯有凡·高的墓上密密麻麻地爬满了常春藤，叶子深绿深绿的，无论冬夏，都是这样生机盎然，那些叶子在我眼前慢慢化成了凡·高的笔触，如火焰一样跳动着，那是不死的生命。

每一位艺术大师都是一束光，投射出人性的光芒，震撼着我们的心灵。他们都是最贴近生活的人，他们把眼中所见，心中所想，化作艺术，带来光明，激励我们向前。

看完巴黎大区，我又以巴黎火车站为中心，开始周游。经常是白天下车看博物馆，晚上上车睡觉，第二天醒来又下车参观。实在太累了，就回巴黎睡上一天，买一些方便面、黄瓜、西红柿、香肠之类的食物，又上路了。

乘一整夜的车，从法国南部进入西班牙，我直奔马德里的普拉多美术馆。马德里正值酷暑，气温高达40度，但展厅里还是很舒适的，我尽情地观看着委拉斯开兹和戈雅的巨幅代表作，这是普拉多的镇馆之宝，也是它的特色。另外还有不少米开朗琪罗和拉斐尔的作品。只可惜此馆禁止拍照，进馆时我的摄像机、照相机都被寄存起来，我花高价准备的1.2的大镜头，专门为了不用闪光灯拍画用的，已无用武之地，我也只能对此馆有了一点儿大致的印象。

当晚我就又上了火车，斜穿西班牙，来到了西班牙东北部与法国交界的名城巴塞罗那。在巴塞罗那的几天里，我始终处于亢奋状态，完全打破了生活规律。

正值巴塞罗那奥运会的前几天，整个城市都沉浸在狂欢节的气氛中，我走在市中心那条通向当年哥伦布起航港口的大街上，满街都是各国来的游客，各式彩灯组成的古老的西班牙

图案，在夜空中闪烁，犹如童话世界。马路两边，连绵数里都是摊贩，多是水果、鲜花和工艺品、小礼品，节庆气氛极浓。特别是集中来了许多世界各国的杂技艺术家，就在马路上各显神通，吸引着大量的人围观。我逛着逛着就到了深夜三点，再去住旅馆感觉有点不值了，竟走回火车站在长凳上和衣而卧。

天一亮，找个地方吃了点东西，我就直奔圣家族大教堂，我知道那是安东尼·高迪用一生精力打造的艺术极品，是让人狂喜心醉的建筑。我第一个到来，前面没有观众，阳光透过彩色玻璃静静地照到华丽神秘的教堂中，我也是当天最晚一个走出教堂的。

陶醉一天，我意犹未尽，信马由缰来到兰布拉大街上的夜市，又有了儿时逛庙会的感觉，那种四乡八野的人来买年货，唱野摊子戏的热闹。这是世界的另一个角落，有世界各国的鲜花，各种工艺品，特别是加泰罗尼亚地区的传统工艺品，各种泥塑彩绘小人，还可以不花钱欣赏各国艺术家的表演，这一晚我又逛到深夜。

到巴塞罗那既定的学习目标是参观毕加索美术馆和米罗美术馆。

毕加索有很多美术馆，但大多数陈列的是他成名之后的晚期作品，巴塞罗那这个馆是毕加索青少年时期长期居住过的地方，这里是他的根，我想要亲自看看他生活的环境及其文化氛围。我走在老城的市中心，沿着石块铺就的路面，在小巷中找到一个由花岗岩砌成的大门，门旁墙壁上赫然刻着"毕加索美术馆"。走进去，脑海里不时闪出毕加索少年时代的形象，更让我激动的是看到了那么多他青少年时期的作品，这在别的地方是不容易见到的。这里有大量他十几岁画的素描、速写、石膏像、人物写生，我一下就明白了，什么都不用说了，他所有的基础训练在青少年时就过关了，因为他十四五岁时画的素描已经特别规范，早已超过了我读大学时的素描水平和写生能力，他是在基本功过关的情况下，提前进入了个人风格的起跑线呀！

到巴塞罗那最想看的还是米罗美术馆，这源于我在蓬皮杜艺术中心的发现。蓬皮杜艺术中心是继卢浮宫、奥赛美术馆后专门陈列现代艺术的地方，说实在的，我去蓬皮杜主要还是长见识、开眼界、了解一下西方现代艺术发展状况，我是带着特别放松而非认真学习的态度，甚至还会有一些不屑一顾的心态。但当我看到米罗的几件装置作品时，我却激动了，从内心产生一种兴趣。一是单纯而又丰富的色彩，二是拼贴式、雕塑式的语言，三是各种不同材料组成的几何美和形式感，我似乎感到了我从他作品中能学点什么！从那时起我就翻找米罗的资料。蓬皮杜艺术中心里有个大图书馆，我在那里找到一些米罗的资料，越看越有兴趣，决定去西班牙巴塞罗那米罗的工作室看看。

米罗美术馆坐落在巴塞罗那市郊的蒙特惠奇山上，离市区有相当一段距离。本来经朋友的朋友介绍，有位在当地的中国人陪我去，但不巧此人有事不能成行，我就只好自己去。语言不通，没敢乘车，是按地图走着去的。从地图上看没有几站，没想到市郊的车站距离很长，而且大部分是上坡山路，我背着摄像、照相等装备和食物、衣物等，沿路几乎遇不到人，也鲜有车辆，找到米罗美术馆时已是下午1点多了。

这里原是米罗的工作室，一切都显现出原生态的生活气息，我徜徉在一个梦幻的、超现实主义画家的工作氛围中，只有 4 个小时的参观时间，我的眼睛和脑子都不太够用了，东西太丰富、太刺激了。他是画家、雕塑家、装饰艺术家，那么多奇奇怪怪的作品，现实的、梦幻的、梦境的、平面的、立体的，那种特殊独到的艺术语言，单置的、并列的、拼贴的，不同的材质，强烈单纯的色彩，怎么能把形式美、材料美、点和线的组合运用到极限呢？

他对陶艺、壁画、玻璃画的喜爱，使我们俩的艺术趣味更加接近。

我感到米罗的作品中有很多东方的东西，甚至我找到了和我的家乡潍县杨家埠年画的相通之处。在参观的时候，我发现有一些工作照，旁边总有一个东方面孔的女性，感觉像是个中国人。语言不通无法细问场馆里的工作人员，后来在有关资料中也没有查到，米罗作品中的东方元素是否与此人有关呢？

特别使我感兴趣的是米罗的作品有许多艺术衍生品，不但有仿真版画，而且广泛应用在设计、装饰、印染、陶瓷、工艺品、书籍、装潢、卡通、广告等领域的方方面面，成了人们喜闻乐见的时尚元素。

这些对我的画风，对我后来搞陶瓷、印染等都深有影响，真没想到我从西方超现实主义画家那里也能得到很多启迪。

在访学过程中，我还有幸遇到乔治·皮埃尔·修拉的大展，这是可遇而不可求的。

这次大展经过精心策划，是组织了多家美术馆的藏品集中在一起展示的研究性展览。

修拉（1859—1891）是新印象画派的主要代表，他的一生很短暂，但成就非凡，他利用小色点组成画面，在视觉上产生惊人的、魔幻般的又极为科学的艺术效果。

我在展览会上不但看到了《大碗岛的星期日下午》《阿涅尔浴场》这些代表性名作，而且看了数百幅创作和习作，还有大量的未完成品。我看到一幅很大的纸上，中间的画很小，画旁密密麻麻地点着成千上万个小色点，那都是为画这幅小作品而做的实验，堪比科学家做实验那么认真。不厌其烦地去实验，我突然感到印象派是在追求瞬间的感受与真实，修拉却是在追求科学与艺术结合的魔幻般效果，是用色和光在视觉上的反映进行理论性实验，而且热衷于特别精准的，包括观赏距离在内的极为冷静的思考，这里面渗透着对西方色彩学那些最基础的理念，包括原色、补色、冷暖、对比、相近、渐变等元素的深入研究，他画中的那种秩序与和谐，给人一种理性的不可抗拒的说服力。

原来颜色也需要这么研究，原来颜色也可以这么玩儿，可以玩得这么神秘，这么有乐趣，这么深入。

# 欧洲研修记
## ——莫奈 我心中的花园

文／郭怡琮

看了这么多的风格各异的经典作品，尽情享受它们带来的冲击之后，我意识到我必须找到一位画家，一个我喜欢、对我来说能深入借鉴的画家来重点研究，这是必要的。

我的目光逐渐聚焦，莫奈——印象派的创始人之一，"印象"二字由他而生。

我十分喜欢他的画风，主要是在手法上我与他接近。在几所大型美术馆中，我看到了他不同时期的代表作品：《日出印象》《绿衣女子》《鲁昂大教堂系列》《干草垛》《睡莲》……特别是当我走进橘园美术馆，在为他的巨幅通景《睡莲池塘》专门修建的椭圆形展厅中，如沐"荷"风。我漫步画前，如在江南左岸，时而艳阳高照，时而微雨笼烟，时而轻风荡荡，时而落花细细。站在画前我有一种他乡遇故知的感觉。他有着中国花鸟画家的素质，许多理解和观察方法是如此相同，在表达方法上也有着中国写意画家的气质，画面的和谐、通畅、整体，用笔的连贯，那种一气呵成的气势，笔笔之间那种不可思议的得心应手之感，画面带出的那种创作状态，如庖丁解牛一般，轻松游刃，敏捷准确地达到物象与心象的高度统一。这不是具象和抽象画派所能企及的，而是东方意象派所要求的境界。

作为画家，他抓瞬间、抓感觉的那种放情状态和概括能力，使我惊叹，如同画中国写意画一样痛快淋漓。当然也有不少区别，他对光线阴影的观照就很不相同。虽然印象派对阴影不那么强调，也不突出轮廓线，但与中国写意画用虚实凹凸来处理的办法还是很不一样。在用笔上印象派强调笔触，来表现物象，表现质感和动势，在激情的挥毫中捕捉瞬间即逝的印象。而中国画更强调骨法用笔，线是中国画的利器，形态、心态并重。莫奈的晚期作品已经在画面上留有大量的空白，这与他对东方绘画的理解不无关系。但无论区别有多大，我还是从莫奈的绘画中找到了许多中西相通的地方，中国画可以从中得到许多借鉴，在深入对比中找到东西方之间共同的东西。

印象派应该是对西方画家的解放，正如中国画的写意精神一样，使中国画和中国画家有了无限广阔的艺术表现空间。我决心探寻莫奈的足迹，做进一步研究。

莫奈花园，在距离巴黎约 70 千米名叫维尼（齐弗尼）的小镇上。这个只有 200 多户居民的小镇，坐落在塞纳河畔，一条支流埃普特河从此流过。莫奈42岁时路经此地，对之一见钟情。他在这里建园造屋，一住就是43年。

莫奈曾经说过，他一生中最好的作品就是他的花园。我期盼着能早日造访，探索莫奈生活创作的心路历程。

与热心的叶诚先生约好，他开车送我们去莫奈故居，同行的有我和王益鹏，还有浙美杜曼华等二位教师。经过近两个小时的车程，叶诚先生放慢了车速，不时停下车供我们拍照。这个依傍塞纳河的小村，很像中国的江南水乡，十分幽静秀丽。杜曼华说这里的气候也很像江南，十分湿润。看着近处的野花，远处的塞纳河，有点儿到了富春江边的感觉。

车一进村，立即看到停靠的大量旅行车和私家车，其故居前有长长的人流在排队。莫奈故居的门普通至极，很小，如果不是挂着那块牌子和有一道栏杆外，还不如旁边那些卖小吃的小店显眼。

进门后经过一条细长的通道，里面豁然开朗，一间高大的房子，如同展厅一样，这就是莫奈的画室。玻璃顶，光线明亮而柔和，四周墙壁上挂满了莫奈的作品。画室里熙熙攘攘，此地供游人观赏和休息，同时也销售与莫奈作品相关的复制品、普通印刷品、高档画册、明信片，以及各式各样的旅游纪念品，人们竞相购买。

屋子中间是一组沙发，四周摆满了花木，最使我感兴趣的是十几盆盛开的紫色百子莲。记得小时候，父亲在家养过此花，也画过写生，但开得这么好的在国内从未见过，没想到莫奈也喜欢这种花。这里耸立着莫奈的巨幅照片，在照片前留影真有一种时光拉近的感觉。

莫奈的居室只是一个普普通通的小洋楼，我站在居室的门前，俯视他的花园，想象当年先生是如何创造他的杰作。花园足有一个足球场那么大，与巴黎的古典园林完全不同，这里没有大树，没有成

片的草地，只有姹紫嫣红的斑斓色彩，这是画家精心调配的调色板，在阳光下和谐地融为一体。

伴着塞纳河吹来的和风，这些五光十色的花木十分灿烂、艳丽、多姿，使我惊喜。植物之间的那种搭配、组织、呼应、揖让，令人惊叹。各种形状和颜色的搭配，不同植物的点、线、面组合，看似自由生发，实为精心设计。高低不同，形态各异，色彩缤纷，既有植物自然生长的错落关系，又有匠心独运地编织，如整片彩锦，这里面蕴含着先生多少心血。

这里有许多我在中国就早已熟悉并经常描绘的花，如绣球、白色六月香、紫玉簪、百合、萱草、金针、鸢尾、冬青和蕨类之属。竟然还有在中国农村篱落旁常见的蜀葵，这种每年开春就自然生长的宿根植物，在中国都是进不到花园的野卉，在莫奈的花园中竟成了高贵的"公主"。这里也有一些欧洲特有的我叫不出名字的稀奇古怪的花，有的如钟如铃，有的成团成穗，有的俯卧地上，有的高高挑起，自然形成拱门花架。更令人惊奇的是，春夏秋不同季节的花在这里可以同时盛放，这需要植物学、园艺学的知识。我多么希望能有这样一个花园！我暗暗思忖，一旦有条件，我一定要培植一个"怡园"。

穿过一条地下隧道，我们来到后花园，这里就是举世闻名的莫奈的睡莲池塘。池水中间，各色睡莲如锦似绮，宛然图画；四围长满了水生植物，有的长叶翩翩，有的簇花朵朵。池边溪流淙淙，这是引进塞纳河支流的活水，仿佛山泉映照。岸边长满了高大的垂柳，柳丝迎风探水，不时搅起波光涟漪。那座日式的绿色高木桥，引来无数人流连驻足，青年男女穿着婚纱礼服专门来此拍照，这里已成为法国文化的象征。桥的两边长满了青藤，藤萝竟然在八月里还开着花。

为了更好地写生，更多地体会莫奈对自然的观察方法，几天以后，我再一次来到莫奈花园。莫奈

是勇敢走出卢浮宫、投身大自然怀抱中的先锋画家，他毅然地转向了枫丹白露大森林和家乡的大自然，营造出属于自己的光和色的艺术天地。他坚信现场直接画下来的任何东西，有一种在画室里不能找到的力量和用笔的生动性，这是他终生不渝的创作理念。这使我想起了中国古代画家对写生的认识。

我的思绪飞向了千年之前的宋代，一位叫宋伯仁的老画家在写生梅花，他说："余于花放之时，满肝清霜，满肩寒月，不厌细徘徊于竹篱茅屋边，嗅蕊吹英，挼香嚼粉，谛玩梅花之低昂俯仰、分合卷舒。……图写花之状貌，得二百余品……"五代时期的赵昌，端着画具颜料，围着栏杆去写生，不但画形象而且当场记录色彩，自称"写生赵昌"。又想到元代的易元吉，于居舍后疏凿池沼，种花种草，蓄养水禽。他在水池里搭建一小茅草屋，自己躲在里面窥伺其动静游息之态……

这些中国美术史的经典，与莫奈的池塘不是有着异曲同工之处吗？同是追求气韵生动，莫奈深入自然观察体验，侧重点放在了对阳光、对色彩、对笔触的表现上。作为灵魂，他放大了、强化了不同于凡人的视觉感受，用被人称为"视网膜病变者"的视觉感受来抓捕瞬间最强烈印象。他的那种在阳光下，将灿烂、斑驳、稍纵即逝的印象定格下来的能力，成为西方艺术的永恒经典和最高要求。

我思考着，再次走进他的画室、卧室、客房、房间里、走廊里甚至楼梯旁的墙壁上挂满了日本浮世绘，可见他对东方绘画的痴迷。我想如果他能见到中国的年画、壁画，见到和他生活于同时期的赵之谦、任伯年、吴昌硕，他们一定会相见恨晚，这里面有多么大的交流和互补的空间啊。

对于真正的印象派，中国画家还没有时间进行深入的研究。20世纪初，一批艺术前辈来到欧洲，探求西画的真谛，所学的基本上还是文艺复兴以后的传统西画。他们大部分二三十年代回国，回国后在西方绘画的启蒙上做出了巨大贡献，在中西艺术结合上发挥了重大作用，为中国画也注入了新的血液，使中国画发生了变革，但许多人对印象派还研究不深，有的人还抱着否定的态度。徐悲鸿先生倡导古典写实，从造型的角度，以写实的方法改革中国画。其后有吴作人、吕斯百、艾中信、李瑞年等人。刘海粟本人并未经过学院派的严格训练，凭着对艺术的酷爱，他驰骋艺海。在国内有蔡元培和康有为艺术思想的启迪，在国外有印象派、表现主义、野兽派等艺术，以他的胆识、经历和才情，跳过基本功而直达艺术庙堂高峰的雄心，使他鼓足了勇气。

林风眠先生主张引进西方现代派并与之融合，他以"介绍西方艺术，整理中国艺术，调和中西艺术，创造时代艺术"为教旨。他早期受到野兽派和立体派的影响，但新中国成立后不合时宜。他对中国画的改革，是抱着复兴中国艺术的宏愿，主张"极力输入西方之所长，而期形式上之发达"，终是闯出了一条新路，水墨与重彩的融合是成功的。

我尊敬的还有朱屺瞻先生。朱屺瞻先生是先具有中国画功底，继而研究西画，又回到中国画的一位，与我父亲郭味蕖先生一样。还有卫天霖先生、傅抱石先生、陈之佛先生。

艺术之路，永无尽头；文明互鉴，已成共识。一代一代人会走下去，艺术家要创造自己心中的"花园"。

翠微山下　2006 年　118cm×93cm

1978 年，郭怡孮首次进入西双版纳，在山谷中遭遇到了野猪，那次好险呀

1980 年，郭怡孮进入海南岛尖峰岭雨林中，发现了野生的苏铁

郭怡孮从 20 世纪 70 年代起，20 余次进入西双版纳热带雨林中写生，后来在他的倡议下，成立了西双版纳热带雨林艺术研究院，其成为花鸟画家的写生基地

1978年，文化部（现文化和旅游部）中国画创作组写生团，王学仲（中间站立者）、
秦岭云（左一）、郭怡琮（右二），在雁荡山大龙湫写生，一时大雨，山洪袭来，
困在水中，死里逃生。三人均有文字记载那次遇险的情况

20世纪80年代，装备了保温杯，到热带雨林中能有热水喝了

文化部中国画创作组三人写生团曾三次遇险，除上页说的雁荡山遇险，还有一次是漓江遇险和涠洲岛遇险。左上图是三人蹚水到江心写生，回来天色已晚，找不到江中回路，差点被江水冲走。右上及下图是在广西涠洲岛，那次风高浪急，秦岭云先生乘坐的小船靠不了岸，是被解放军救上船的

西双版纳是郭怡孮的写生基地，他无数次进入热带雨林中，板根、气根、老干生花、老干结果，大量的攀缘、绞杀、互生、寄生植物，是那里的典型林相

20世纪90年代郭怡孮随全国政协视察团到云南、贵州、四川，视察自然保护和森林防火

又见到勐腊这棵大榕树了，郭怡孮每次来西双版纳都要来看看它

进苍山九溪十八涧，下洱海乘舟探洱源

每当春天来的时候，那是郭怡孮的写生季

花圃千寻秀，郭怡孮在庐山植物园画菖蒲花

一路看竹到几峰

水乡写生

七月核桃八月梨，九月柿子来赶集。郭怡孮和沂蒙山的老农攀谈

全国政协委员视察团进入云贵山区，这里山清水秀，民风朴厚

1990年，郭怡孮到非洲肯尼亚写生、访问，在肯尼亚首都内罗毕的法国文化中心举办个人画展，图为郭怡孮在肯尼亚的马赛马拉，那正是观看动物迁徙的好时候

郭怡琮来到肯尼亚的那库鲁湖，这里有 10 万只火烈鸟，湖边多有地热喷泉。壮阔的大自然和历险的经历，永生难忘

当年从内罗毕去纳库鲁湖时迷路了，太危险了

郭怡琮在法国重点研究了莫奈的作品，多次去莫奈故居写生、参观，写了"莫奈——我心中的花园"一文

郭怡孮在莫奈故居

1991 年，郭怡孮在莫奈花园写生

胸荡云海，目迷风帆

郭怡孮在澳大利亚大堡礁

又是江南四月天

走贵州、访遵义，郭怡琮路途中在车上写生

郭怡孮在宝岛台湾

郭怡孮在莫斯科

1995 年，郭怡孮应邀访问琉球群岛，在宫古岛热带植物园中

郭怡孮在敦煌莫高窟

郭怡孮在洱海边看红嘴鸥

郭怡孮 80 岁时在海南岛写生

# 教学篇

## JIAOXUE PIAN

　　1962年郭怡孮先生大学毕业后，被分配到中学任教15年，听过他40节课以上的学生估计就有7500多人，他这15年中给众多初中学生进行美育培训，他感觉很值得。

　　1977年起他被调入中央美术学院任教至今，花鸟画教学是他一生的职业。他首先认真学习和研究了中央美术学院优良的教学传统。郭怡孮父亲郭味蕖先生生前是中央美术学院首任花鸟画科主任，在此基础上郭怡孮在叶浅予主任的指导下，编写新的教学大纲，努力贯彻中央美院"理论、生活、技巧同步共进"，"临摹、写生、创作三位一体"的教学理念，通过多年的实践，在写生创作的教学方面都有了新的突破。

　　郭怡孮先生先后在中央美术学院和中国艺术研究院举办的"郭怡孮花鸟画创作高研班"，是中国花鸟画教学方式的新实验，取得了很好的教学成果。他要求学生从花鸟画的纵向历史演变和横向对比联系中，把握花鸟画的变革规律，从新生活中得到启迪，更新艺术观念，以求创作出有深度、有时代感的新作品，两个高研班都取得了丰硕的成果。根据教学内容所编写的《花鸟画创作教学》和《花

鸟画写生教程》两部书出版后受到广泛好评，获中央美术学院改革开放成果奖。

郭怡孮先生说："美院教学，真是一步一步爬坡，爬得好累，本科生、研究生、博士生，不断遇到新课题。带博士生没有前人经验，要求学生不仅在艺术实践上要有突破，在理论上也要取得相应的研究成果，指导学生写博士论文，首先要自己提高理论修养。"教到老，学到老，就是这些年郭怡孮教学的总结。

他努力推进社会教学，努力促成日本东洋美校设立中国画专业，并在中国美术家协会、国务院参事室、中央美术学院和中国艺术研究院的众多进修班讲学，也应邀到中国香港中文大学、加拿大麦吉尔大学讲学。

中央数字电视台书画频道用两年时间，精心拍摄的33集"中国花鸟画创作研究"电视绘画教学课程，多年来在电视台反复播放，引起了极大的积极的社会反响。

由多家出版社出版的20余种"郭怡孮教学范本"的画册，受到了广大读者的欢迎。

郭怡孮先生以人们称他为"郭老师"而骄傲。

# 进入艺术的起跑线

## ——花鸟画创作课堂讲授摘录

文 / 郭怡孮

一

写意，是中国画的本旨。所谓写意，不是简单地去描绘含混不清的图像和意念，表达似是而非的形象，而是指画家对民族、时代、社会、自然、文化的深邃体察之总和。它是一种意识，一种精神，一种凝练的感情，借助于笔墨立意为象。因此，它不同于具象的似和抽象的不似，主要是通过形象并超乎形象之外表现人的情感、意志和内在的气质，重视人的精神本质的直接抒发。

中国画表现的是中国人心灵深处的幽情壮采。

在写意理论的指导下，中国画既是主观的，又是客观的；既有具象的，又有抽象的；既有写意的，又有写实。写意观使中国画具有极大的包容性，中国画家把所见、所知、所感、所想，综合成一种宏观意识，借助于形象表现出来。

我们提倡作品要有民族性，要以民族传统为依托。我们已加入世界贸易组织，我们需要创造一个跟世界对话的平台。我相信我们的民族绘画可以创造与世界对话的平台，与西方艺

术相比，我们的民族绘画一点儿都不逊色。我们画出来的作品要有民族气魄、民族精神、民族气质，要有我们的语言，千万不要忘了我们的根。

一幅花鸟画所体现的时代感，主要是对社会情趣和气氛的反映，这样才会使作品跃动着时代的光彩。有见识的画家从宏观着眼，虽画小品也有大寄托，自能常出新意，力去陈腐。好的作品中普遍反映着画家对自然、对社会的深刻体验和认识。

在中国画家的笔下，花和鸟以及任何自然景物的形象，只是表达作者情感的语汇，是抒发和表达人的意念的媒介，其重要性远远超出了花和鸟的形象本身。观众则是沿着生机勃勃的画面的提示，去体味作品的内蕴。中国花鸟画在表现自然和人类感情关系推移方面具备超凡的能力。

我认为20世纪中国花鸟画的贡献在两个方面很突出，一是精神性的高扬，特别是在表现时代与民族精神上，在表现自我精神方面都走在前面。在形式的探索和语言的自由方面也有大进展。二是在主题性花鸟画创作方面出现

了许多好作品。我们利用百年回顾展的机会，研究这个时代发展的脉络，然后给自己定位，找准研究的方向，进而思考怎样把花鸟画演成一部时代的大戏，怎样为时代、为人民开拓出新的审美领域，成为时代精神文化的载体。

从中国画的发展成长过程中，可以看出中国画海纳百川的能力，文学入画，诗词入画，书法入画，金石入画。文学的叙事性、哲理性，诗歌的意境、抒情性、节律性，书法的时序性、书写性、抽象性，金石的韵味、装饰性，以及近代西方写实技术的运用，构成因素的融入，使中国画更加丰富、完美。中国绘画的写意理论，不仅不会排斥对一切优秀成果的接受，而且为中国绘画向现代拓展提供了理论基础。

中央美术学院创作高研班创作的作品要进入艺术科学的起跑线。学院的要求是什么？就是严谨、深入、科学，要经得起推敲，应该在作品中体现出中央美术学院的水准。如果我们拿出来的作品没有学术性，没有学院派最基础的东西，还算什么高研班。

我们需要加强对基础理论、基础知识、基本技能的研究，高层次的研究班更要抓"三基"。杨澜作为我们国家的形象大使，在去奥委会申述之前自己提出要恶补基本功，我们就借用"恶补"这个词吧！我们要克服浮躁情绪，抓住最基本的东西。基本功包括我们传统已经有的和新引进的，这些年来新引进的构成知识、画面图像知识都是要补的基础课。

在坚实基本功的基础上，我们需要加强新的形式探索，不然与别人的作品分不开。同时，还要指导学生进行艺术思维，培养学生高度敏感的直觉能力、分辨能力和创构能力，包括对

情感经验的形象传达能力、潜意识的象征表达能力。

要思考中国画传统的本质是什么，逐步深入中国画发展的核心，找到我们的中国画基因，基因是不变的。

要找出西方绘画的传统本质是什么，支撑它的文化和哲学体系是什么，从东西方两端深入研究，从传统和现代双向研究。

创作课和技法课不同，技法课是把绘画的诸因素分解开来研究，把造型、构图、色彩、笔墨诸因素掰开了，揉碎了，分清了，弄透了；创作课则是一种组合能力的训练，它包括选题、创意、构图、笔墨、赋彩等方面的有机组合，并从中找出组合规律，教师主要将组合规律方面进行指导。

创作中要有自己独到的东西，要有别人没有的东西。这不是故意造出来的，要调动你全身的本事，真正有独到的见解和方法，那才是真本事，创作是对你综合能力的检验。

发现原创性，发挥创造积极性，调动创造性思维，加强艺术想象力，培养创造性人才是我们教学的重要目的。

要注意发现学生生活中的特有的新鲜感受，并给予充分肯定，引导学生进入创作。这特有的感受是和大自然神遇之后的情感信息，这信息是自然美的升华，也是精神的升华。帮助学生抓住自己的感受，启发学生的创造性思维，使其增强自我发现和自我把握的能力，是创作教学的重要内容。

这里很重要的一点就是要培养建立同学们的设计思维和画面意识。中国画在这个方面上表现不如油画、版画、设计明显，加强设计思

维和画面意识的培养是现代绘画教学的重要内容，花鸟画教学同样要补上这一基本功。

注意保存创作过程中的好东西，这是一种能力、一种经验。往往有人修改到最后，把好的改掉了，留下的是遗憾。在创作过程中又要有胆量进行破坏性建设，才能破除常规，有新探索和新发现，破坏性建设往往能起到石破天惊的艺术效果。

## 二

中国画讲程式，对程式的运用和依赖超过西画，这是中国画的一个重要特征。我们要研究程式、运用程式、创造新程式以加强中国画的艺术表现力。

程式是相对稳定的艺术语言，是特定艺术形式中最稳定的内在结构之一，是艺术家经过长期的艺术积淀而形成的。程式性的艺术语言更加概括、更加抽象、更加精练。

程式是有时代性的，要与时俱进，才有其延绵不断的生命力。有些传下来成了练习基本功的内容，有的要调整和改造，重要的是在现实生活中创造新程式。旧程式用滥了就会成为陈词老调，旧形式要根据新内容来调整改造。

传统的中国绘画具有十分完美的程式和严格的法度，花鸟画也不例外，只有新程式、新法度、新意境的创立才标志着新发展。新程式的创立基本上可以由两种方式来完成，一是画家对现实生活的概括和提炼，将自然结构变化成中国画的程式语言；二是对前人创造的程式加以改造，加工融合而产生新的程式。

对于程式要先研究，先学，先守格再破格。

我们学画是从"临摹"传统程式开始的，传统程式能丰富你的创造力，但不能受传统程式的制约。

程式是对生活加以夸张、概括、提炼、变形、装饰、想象而臆造出来的，是根据生活逻辑和绘画规律加工出来的。

用活了程式就活了作品，创造了新程式就丰富发展了这门艺术。程式是固定的，但程式又是可变的，程式是前人创造的，但应用程式时要加强心理体验，才能有自己。

没有程式就没有中国画，没有程式就没有流派体系，没有程式就没有技术规范。把你的画上升到程式的高度吧！这样艺术上就完整了，就会给后人留下一份财富。但新程式能否成立不是你、我个人说了算的，那要经过考验和社会的认可。

## 三

当你的情感表达还没有足够的技术为依托时，一上纸就会手忙脚乱，就会忙于收拾，你的想法越多，画面就会越乱。

画面要先找大构架，造大构架。构架造不起来，画面是散的、乱的。要训练组织画面的能力，学会建造。

花鸟画构图讲究"置陈布势"，古人提出"取势""布势""写势""先定气势，次分间架""笔墨相生之道，全在于势……"花鸟画对势的要求有两方面：一是指所画物象要有一种勃发的生机，有生长之势，植物有向阳性、抱体性，这是生命的象征；二是指画面本身要得势，画面不能杂乱无章法、松散无节奏、板实不灵动、充塞无活气。势有壮势、弱势，有流畅，有迟滞，有起伏，有平叙，有抑扬顿挫，有节奏旋律，有往来顺逆，有隐显断续，要掌握各种布势的能力。

现代创作要增强设计意识，要有设计理念，要有画面意识。要根据视觉原理来组织和安排画面，使画面和谐统一，使欣赏者有强烈的视觉感受，有视觉中心和视觉通道。要有龙脉，有出气孔，要建立画面的绿色通道，要让观者舒畅。

笔墨的审美范畴应该是传统的、民族的、大众的，又是属于你自己的，要具有自己的特性和魅力。学大师首先要学他们的艺术思想、艺术理论，研究他们的技法但不能完全搬用，他们的技法就像私人印章一样，你不能将他们的印章盖到自己的画面上。

要学会在画面上找音乐感，找音乐感就是找节奏，有起有伏，有轻有重，有缓有急。音乐感不是造出来的，而是从笔下自然流露出来的。

作画需要从构思、立意到构图，从具体技法到画面效果综合考虑，最后还要调整。要调整什么？就是要调整局部与整体的关系、形象与意境的关系，就是要明确你使用的艺术规律，你画面的形式结构，你的形式语言，然后看是否表达出了你的初衷、你的感受。形式规律是要明确而有选择的，不是有规律就用，那样就乱了、杂了，画也就看着不舒服了。

画要经过多次调整，不要画完就算完了，要反复看，在调整上下功夫。我用在调整上的时间往往比画的时间还长。要学会自己挑毛病，打破自己的惯性。

## 四

人类尊重、热爱和亲近自然，不仅是为了维护生态平衡，也是为了维护人类本身心理上的平衡。大自然和我们难解难分的关系，已经由生活的关联演化成情感上的合奏，构成了人们精神生活的一部分。基于这种人与自然的关系和对这种关系的新认识，我们的艺术观念也应该有所改变。

重视以自然为依托，把握从自然形态转化为艺术形态的基本规律，掌握了这个规律才能真正使大自然成为你创作的源泉，不然就算整天在自然中，也画不出好的作品。

最重要的是如何用现代人的审美情趣去发现、捕捉自然界中所蕴藏着的美，去运用自己创造的物态结构引起欣赏者的共鸣。

对写生素材必须进行消化、整理，对生活感受要进行回忆、思索、联想、引发和重新酿造，根据构思的需要，扩张一些东西，修正一些东西，引入一些东西，都是必要的。如何抓住一些可以扩张延伸的重要环节进行拓展，是创作的用心处。

典型形象应该是自己在生活中发现、自己加工创造的，应该是有自己的深刻感受和自己审美主张的形象。典型形象是要根据客观特征和主观精神两个方面来创造的，应该是在面对最生动的形态和最新鲜的感受过程中来完成的。

澳洲寻芳　2006 年　118cm×93cm

# 花鸟画创作谈

文／郭怡琮

**中国画有海纳百川的能力**

从中国画的发展成长过程中，可以看出中国画有海纳百川的能力，文学入画、诗词入画、书法入画、金石入画。文学的叙事性、哲理性，诗歌的意境、抒情性、节律性，书法的时序性、书写性、抽象性，金石的韵味、装饰性，到了近代西方写实技术的运用，构成因素的融入，使中国画更加丰富、完美。中国绘画的写意理论，不仅不会排斥对一切优秀成果的接受，而且为中国绘画向现代拓展提供了理论基础。

**中国画家要具备全面的素质和修养**

中国画家要具备全面的素质和修养，翻开美术发展史，就会发现那些为中国画发展做出重大贡献的画家，都是具有很高学养的，是否具备全面素养便是"画家"与"画匠"的区别。

对中国画的理论研究，既要抓住史、论两条线，又要在东、西方横向对比中加以把握，在中西比较中加深认识。尤其要深入认识我们

优秀的民族文化传统精神，把握传统笔墨的基本要素，保留民族的大传统。

齐白石先生提出的作画"妙在似与不似之间，太似为媚俗，不似为欺世"的创作理论，不但指导他自己的创作走向了辉煌，而且成为从世界艺术的角度诠释中国画本质的至理名言。

画家要不断地提升自己的理论认识，并逐步建立自己的审美体系。要用自己总结的理论来指导自己的创作。我提出的"大花鸟意识""技法重组""你的野草是我的花园""中国诗情对自然的现代朗照""写交响曲"等艺术观点，都是我在不断实践中逐渐总结的。

**中国花鸟画的表现内容远远超出了花和鸟的形象本身**

在中国画家的笔下，花和鸟以及任何自然景物的形象，只是表达作者情感的语汇，是抒发和表达人的意念的媒介，画的内涵远远超出

了花和鸟的形象本身，中国花鸟画在表现自然和人类情感关系的推移方面具备超凡能力。

我认识到中国花鸟画之大，既是和西方静物画的对比，又是对自己创作精神上的要求，借物抒情，花鸟画是最能体现这四个字的。

### 写意是中国画的本旨

写意，是中国画的本旨。所谓写意，不是简单地去描绘含混不清的图像和意念，表达似是而非的形象，而是指画家对民族、时代、社会、自然、文化的深邃体察之总和。它是一种意识，一种精神，一种凝练的感情，借助于笔墨立意为象。因此它不同于具象的似和抽象的不似，主要是通过形象并超乎形象之外表现人的情感、意志和内在的气质，重视人的精神本质的直接抒发。

在写意理论的指导下，中国画既是主观的，又是客观的；既是具象的，又是抽象的，既有再现的因素，又有表现的因素；既是写意的，又重视写实。写意观使中国画具有极大的包容性，中国画家把所见、所知、所感、所想，综合成一种宏观意识，并借助于意象形象表现出来。

### 程式是中国画的重要特点

中国画是讲程式的，中国的艺术也是讲程式的，程式是中国画的重要特点，也是艺术成熟的标志。

程式是艺术家经过长期的艺术积淀形成的。艺术达到了一定的高度才能形成程式，程式性的艺术语言更加概括、更加抽象、更加精练。

"程式"曾经被认为是僵死的、固定不变的，这是不对的。程式是有时代性的、与时俱进的，是有其延绵不断的生命力的。有些程式传下来成了基本功内容，有些需要调整和改造，旧程式用滥了就会成为陈词老调，旧形式要根据新内容来调整改造，重要的是在现实生活中创造新程式，创造新程式是画家的责任。

我们要研究程式，运用程式，创造新程式以加强中国画的艺术表现力。古人创造了古人的程式，每一个时代都有每一个时代的程式，我们要学习古人创造程式的过程、经验，去创造新程式。

新程式的创立基本上可以由两种方式来完成，一是画家对现实生活的概括和提炼，将自然结构变化成中国画的程式语言；二是对前人创造的程式加以改造、加工、融合而产生新的程式。

程式是对生活加以夸张、概括、提炼、变形、装饰、想象而臆造出来的，是根据生活逻辑和绘画规律加工出来的。

没有程式就没有中国画，没有程式就没有流派体系，没有程式就没有技术规范。上升到程式的高度，艺术上就完整了，就会给后人留下一份财富。但新程式能否成立不是你、我个人说了算的，那要经过历史考验和社会认可。

### 基本功教学与创作教学是和而不同的

现代教育使我懂得，基础理论和基本技能的重要性，教学就应该教基本原理、基本技能、基础知识，三基很重要，中央美术学院通过这么多年的教学，逐渐建立了"理论、生活、技巧同步共进，临摹、写生、创作三位一体，构图、笔墨、色彩综合训练"的院校教学体系。

从纵向的历史演变和横向的对比联系中，把握东、西方艺术的不同特点，研究艺术变革的规律，上升到研究的层次，又从新的生活中得到启迪，自觉更新艺术观念，运用已有的技法经验创造新的技法，这才是一条正确的学习道路。

创作课和技法课不同，技法课是把绘画的诸因素分解开来研究，把造型、构图、色彩、笔墨诸因素掰开了、揉碎了、分清了、弄透了；创作课则是一种组合能力的训练，它包括选题、创意、构图、笔墨、赋彩等方面的有机组合，并从中找出组合规律，教师在组合规律方面进行指导。

要注意发现学生在生活中的特有的新鲜感受，并给予充分肯定，引导学生进入创作。这特有的感受是在和大自然神遇之后产生的情感信息，这信息是自然美的升华，也是精神的升华。帮助学生抓住自己的感受，启发学生的创造性思维，使其增强自我发现和自我把握的能力，是创作教学的重要内容。

### 从大自然中来，得江山之助

在花鸟画创作过程中，是永远离不开生活的，从大自然中来，得江山之助。画家从生活中发现新意境，发现新程式，发现新技法。

齐白石鄙视那些半生目不睹真花，而以传统自居的人，他说："匠家作画，专心前人伪本，开口便言宋元，所画非目所见，形似非真，何况传神，为我辈以为大惭。"

花鸟画作者应该怎样认识生活？我认为应该从社会生活和自然生活两个方面。一幅好的花鸟画作品，应能反映出社会情调和气氛，是作者审美情趣的反映，准确地把握社会基本旋律，才能使作品跳动着时代光彩。有见识的画家，从宏观生活着眼，虽画小景也有大寄托，自能常出新意，力去陈腐。

要到生活中去，长期地、反复地、不断地、多方位、多角度地深入观察、表现，再观察，再表现。

我离开生活，离开感受，画不出新东西，许多画都是有感而发，触动了你，抓住一个主题，不断去探索表现，越深入越有趣味。

### 写生不是抄袭自然，而是有感而发

写生是花鸟画家认识生活、搜集创作素材的主要方法，中国古代花鸟画家对写生十分重视，"写生"二字应从两方面来理解：一是指对花写照，是具体的面对实物直接描绘的方法。二是指写花之生意、生机，是指创作方法和创作精神。特别是第二方面，更是始终贯穿于从生活感受到创作完成的全过程，是写生的本旨。

写生必须是有感而发，写生时感悟能力至关重要。

写生方法是多种多样的，可以采用写生、速写、默写等方法。在学校教学中把它简称为"三写"。这是培养正确造型能力的基本功，也是收集创作素材的主要途径。这"三写"的训练方法是从传统的多样灵活的写生方法中总结出来的。

写生不但是深入认识的过程，更能检验你是否具备表现能力。认识到的不一定就能画好，必须具备既要感觉到又能画得出的能力，把握物象从自然形态转化为艺术形态的基本规律，掌握了这个规律才能真正使大自然成为你创作的源泉，不然就是整天在自然中，也画不出好的作品。

形象、构图、笔墨乃至意境都需要在写生中反复提炼、概括。造型能力比较弱的学生，更应该通过写生来锻炼。只有目到、手到，持之以恒，不断在生活里练手、练眼、练心，创作时才能达到闭目如在眼前，下笔如在腕底的自由境地。

对写生素材必须进行消化、整理，对生活感受要进行回忆、思索、联想、引发和重新酿造，根据构思的需要，扩张一些东西，修正一些东西，引入一些东西，都是必要的。如何抓住一些可以扩张延伸的重要环节进行拓展，是创作的用心处。

生活里边是有艺术规律的，就看你的眼睛能不能发现它。培养学生也好，作为艺术家也好，我们要求第一步就是学会到生活里面去发现的能力，发现生活里边存在的艺术规律和感人的东西。

我从茂密、葱茏、繁复中寻找有节奏、规律和装饰趣味的美，去寻找花、草、树、石、苔、水、藤等有机的组合美，去寻找色彩斑斓、艳丽强烈中的和谐美，去寻找那竞生存、争芳斗艳的草木精神的美，去寻找那不知春夏秋冬，打破了自然生长规律的神奇美。近年来我把表现大自然赋予生命的强韧力，定为自己的创作使命。

**笔墨技法是源于心源和造化的**

笔墨技法是中国画家十分重视的，要求画家要熟练地掌握和运用技法，并创造新的技法。但我们在学习的过程中首先要认识到，技法应该是在理论的指导下应用的，也是在生活中创造和得到检验的。当你介入技法领域时，应时时想到技法本是源于心源和造化的、源于创造的。

花鸟画的传统技法十分成熟，点染、勾、勾染、勾点、勾填、没骨、泼墨、泼彩等技法，各种笔法、墨法、水法、构图、色彩规律等，都要认真加以研究，以求有所发展。传统的中国画具有十分完美的技法程式和严格的法度，我们一方面要继承，更要在继承的基础上创造新程式、新技法。

**花鸟画构图讲究"置陈布势"**

花鸟画构图讲究"置陈布势"，古人提出"取势""布势""写势""先定气势、次分间架""笔墨相生之道，全在于势……"花鸟画对势的要求有两方面，一是指所画物象要有一种勃发的生机，有生长之势，植物有向阳性、抱体性，这是生命的象征。二是指画面本身要得势，画面不能杂乱无章法，松散无节奏，板实不灵动，充塞无活气。全幅画要互有联系，血脉流畅，一气贯注。

花鸟画作者，如果缺少驾驭势的能力，就很难灵活调度画面，势有壮势、弱势，有流畅，有迟滞，有起伏，有平叙，有抑扬顿挫，有节奏旋律，有往来顺逆，有隐显断续，要掌握各种布势的能力。

### 花鸟画的构图多以线为骨架

花鸟画的构图多以线为骨架，画面要先找大构架，造大构架。构架造不起来，画面是散的、乱的。要训练组织画面的能力，学会建造。

例如吴昌硕先生的画主要都以三条线为主，分为主线、辅线和破线。辅线是帮助主线增强画面的取势，破线是为了增加势的丰富变化。

四条线穿插比三条线难，不能插得太实，可以用虚接、虚交、气交、气接的办法。

我经常是采用几条线来组织画面，以骨架为主，有一种建筑感，如果画面没有非常强的建筑感，画面就会软，中国山水画左出右抱、大开大合，这些也是建筑感。

现代创作要增强设计意识，要有设计理念，要有画面意识，要根据视觉原理来组织和安排画面，使画面和谐统一，使欣赏者有强烈的视觉感受。

### 花鸟画注重层次的前后，而不重远近距离的表现

花鸟画注重层次的前后，而不重远近距离的表现。我经常采用在夹缝里做文章的办法，大的构成上保持平面化，从局部深入进去掏出层次。我自认为这是经营大幅花鸟画很重要的手段。

### 墨与色化

西画讲三原色，中国画的主色是墨，中国画色彩的关系是色墨关系，而不是色彩关系。

古人说："以色助墨光，以墨显色彩"，"色不碍墨、墨不碍色"，"色中有墨、墨中有色"，"笔与墨化，墨与色化"等，都是讲色彩与墨的关系。西方是色和色的关系，原色、复色、间色、暖色、冷色等相互的关系。

赭石是什么呢？是西方色彩的暖色系的总代表。花青是西方色彩的冷色系的总代表，中国画里一个赭石一个花青，成就了文人画，而且跟墨的关系那么和谐，这就是中国画创造的一个体系，但中国画不仅是文人画这个体系，中国画的乳名叫丹青，但色彩非常难用，很多画家是避开的。进入色彩以后是非常复杂的过程。

中国画色彩体系里有矿物质颜料，也有植物性颜料，植物性颜料呈现的效果有透明和半透明的，而矿物质颜料则是不透明的。西画色彩中也有覆盖能力强的和覆盖能力差的，有些人把水彩技法用到水粉里，呈现的效果就很丰富。中国画实际上是一样的。中国画是最适合将透明颜料和不透明颜料结合运用的。

### 用笔是中国画技巧中非常重要的部分

中国画很大的特点在于用笔，西方基本上是用刷子，大小不同、宽窄不同、厚薄不同的刷子，而中国的笔太丰富了，长锋、短锋，软毫、硬毫，各种各样的不同弹性的不同效果的，对笔的研究非常重要。

笔力，很多学生笔运用不好，是因为基本上只掌握一种力度。力度都一样就没劲，看着就是软绵绵的。在创作写意花鸟画中，要特别注意力的变化、力的韵律、力的生长。能够发力、

运力，用笔发挥笔的力度，作品才能有精神，才能生机勃勃。

笔气，有气便是活笔，无气便是死笔，气脉应该在循环往复的线条中流转着，悠悠不尽地流动着。因此写意线条最忌描摹、涂改和不必要的重复。用笔的书写性、时序性是非常重要的。中国画不能乱，时序性跟舞剑一样，该哪一式就是哪一式，不能乱了招数。为什么有些密密麻麻的画看着很顺，有些画看着很乱，这就是用笔时序性造成的问题。

笔气不仅可理解为笔与气的结合，还要研究用笔去表现气势、气度和气机。苏轼评吴道子作画道："当其下手风雨快，笔所未到气已吞。"就是称赞吴道子用笔的气势和气度。

笔韵，笔韵是玄虚和迷人的，是笔墨中所追求的高境界。笔韵是指运笔时所表达出的内在结构，是作者情感通过行笔中力和气的变化而形成的节奏。这本应该是乐理上的一个概念，但是有韵律的线条会产生强大感染力，是气韵生动这一原则的自然体现。

### 技法重组和试写交响曲

我感觉新中国成立以后，以至改革开放以来，花鸟画有两大突破，一个是题材的突破，从折枝、从园林走向了大野山花。走向大自然，走向更加开阔的山野，去写生命，去写生机，这是我们时代的一个特点。一个是为了表现大意境，仅仅用浅绛、白描、工笔、泼墨这些单一技法不够了，技法更加综合多样化。

在当代花鸟画创作中，我认为技法重组这一方法极为重要，我提出的技法重组，是在我

父亲提出的三结合"工笔和写意相结合，重彩跟泼墨相结合，山水和花鸟相结合"的基础上想到的。将勾勒、填彩、点虱、点染、皴擦等各种技法进行重组，如同交响乐合奏，变化丰富而又和谐统一，适合表现时代气息，我感觉这个时代确实需要，很有意义。

### 主题性的创作

花鸟画可以用于主题性创作，花鸟画也有这种能力，也有这样的传统。

花鸟画能够表现这个时代，确实可以带着感情去画一些主题性的创作，花鸟画可能对表现自然、表现人和自然的关系具有一种特殊的亲和力，它比人物画山水画更广泛、更含蓄。

郭怡孮1962年北京艺术学院毕业后，被分配到北京一零七中学任美术教师，这是他给学校
画的第一幅毛主席像，上图为和美术组的小同学们在画像前合影。下图是一零七美术组的
同学们中学毕业后回来看望郭怡孮，他们大多数考上了大学

1978 年，郭怡孮正式被调入中央美术学院任教。
图为 20 世纪 80 年代郭怡孮在给花鸟画科学生上课

郭怡孮带同学们到白洋淀写生荷花，舟移花远，船动萍开

1990年，郭怡孮在中央美院课堂上讲解中国画构图

郭怡孮带中央美院首届研究生班的同学从西双版纳写生归来，陪同叶浅予、李可染、黄润华等先生看写生和创作稿

1996年，郭怡孮应邀到加拿大麦吉尔大学讲学

郭怡孮随中央文史馆代表团赴泰国、柬埔寨进行文化交流，在朱拉隆功大学讲课，图为在
柬埔寨吴哥窟写生

1996年香港回归前夕，郭怡孮应邀到香港中文大学授课

郭怡孮在日本举行现场示范教学

中央美术学院成立九十周年纪念大会上和郭怡孮花鸟画创作高研班的部分同学合影

郭怡孮夫妇和中央美院创作研究班的同学讨论创作稿

家里也是课堂

郭怡孮先生组织讨论式教学

中央美术学院花鸟画创作高研班毕业作品展学术研讨会

潘公凯、范迪安等院领导出席郭怡孮高研班毕业创作学术研讨会

郭怡孮、邵昌弟老师与中国艺术研究院、郭怡孮花鸟画高研班同学合影

郭怡孮先生被聘为中国艺术研究院博士生导师

在课堂上，郭怡孮经常布置很多植物，带学生现场写生

2001 年，郭怡孮在个人展会上为同学们现场讲解

郭怡孮在日本东京讲学

郭怡孮在非洲肯尼亚内罗毕给中国文化爱好者讲授中国画

郭怡孮在个人画展上，指导来馆临摹的少儿美术爱好者

郭怡孮为中央数字电视台书画频道录制了 33 集"中国花鸟画创作研究"电视绘画教学课程，
图为录制现场

# 社会工作篇

SHEHUI GONGZUO PIAN

郭怡孮先生是位有使命担当的艺术家，他写文章说："祖国培养了我，我赶上了好时代，时代也在召唤我，心中的使命在支撑着我不断学习，不断成长，不断提高自己对美术事业的认知，对美术创作方法规律的把握，对美术教育的理解，跟上时代的步伐，在于心中始终有一种艺术之美、信仰之美、崇高之美，不忘初心，砥砺前行。"

郭怡孮先生担任过许多的社会职务，作为全国政协委员、作为中央文史研究馆的馆员、作为中国和平统一促进会书画联谊会的会长，他深感光荣和责任重大，他努力使自己具有宏观的文化视野和自觉的时代担当，无论是政协委员的建言献策，还是文史馆员的存史资政，先生都尽力去做。

自 20 世纪 90 年代起，他先后担任中国美术家协会中国画艺术委员会副主任、主任、名誉主任，担任中国艺术研究院美术创作院院长、国画院院长、名誉院长。2012 年，经国务院民政部和文化部批准，中

国画学会在人民大会堂正式成立，郭怡孮先生担任了首任会长，积极推进中国画大繁荣、大发展。

郭怡孮先生亲自参与组织过许多大型画展和美术活动，如"百年中国画展""第二届全国中国画展""中国写意画作品展"等，组织和参与了"黄河万里图""长江万里图""一带一路长卷""红船颂"等大型集体创作。

他为人民大会堂、钓鱼台国宾馆、中南海、天安门城楼创作了大幅作品，为联合国大厦、为国家领导人出访、为我国驻外使领馆创作了许多作品，为各种救灾活动和公益事业捐赠了大量书画。

郭怡孮先生是一位以自己的专业技能尽力为社会服务的艺术家。

# 推进中国画大发展、大繁荣

## ——在中国画学会成立大会上的讲话

文 / 郭怡孮

尊敬的各位领导、各位嘉宾、各位顾问、各位理事，朋友们：大家好！

期待已久的中国画学会，经过长时间的积极筹备和充分酝酿，今天成立，这是中国画界的历史性大事，更是推动中国画大发展、大繁荣的重大举措，引起了社会的普遍关注，也必将激发和调动广大中国画家的创作热情。

在座的画家朋友们，我们有很多人的画都曾经在人民大会堂布置悬挂，这说明国家重视中国画，人民喜爱中国画，今天的大会又在人民大会堂召开，具有特殊的意义。

学会的成立得到了国务院、文化部、民政部、中国文联、中国美协各级机关领导的高度重视和大力支持，在此谨向给予中国画学会的成立以大力支持和热情关怀的各级领导致以衷心的感谢，向为中国画学会的成立付出巨大努力的各界朋友和国画界同人致以深深的谢意。

中国画是中华民族的优秀文化传统，是中华文化的重要组成部分，也是对世界文化的重要贡献。它是独成体系的东方绘画的代表，与西方绘画同时构成了世界绘画的两大体系，有其鲜明的不可替代的文化特点和文化价值。

近百年来中国画发生了巨大的变化，在中西文化的碰撞中艰难前行，经过古今中外之争的世纪思考和几代中国画家的共同努力，中国画这棵文化大树更加根深叶茂，特别是改革开放以来，中国画以其深厚的民族文化底蕴和巨大的内化力量，呈现出强大的生命力。中国画家更增强了对民族绘画的深度思考——我们怎样才能创造出具有民族特色和人文传统的，又具备现代文化特质和文化功能的新中国画。中国画学会就是在这个大背景下诞生的。

胡锦涛总书记在庆祝建党九十周年的讲话中指出，我们必须以高度的文化自觉和文化自信着眼于提高民族素质和塑造高尚人格，以更大力度推进文化改革发展，在中国特色社会伟大实践中进行文化创造，让人民共享文化发展成果。营造良好文化氛围是我们文艺工作者的责任，这也是我们办好学会的指导思想。中国画学会就是要在党和政府相关部门的领导下，有组织、有计划、有目标地开展工作，广泛团结中国画工作者，引导中国画的发展，倡导中国画学术研究，繁荣中国画创作。

这就要求我们从世界当代文化的高度上来探索中国画的民族性，探索东方美学在当今世界上的贡献；同时又要从民族立场上来探索中国画的现代之路，探索中国画对人类精神生活的现实价值。中国画学会应该担当起这个历史的文化使命。

我们应当做好以下三点工作：

（一）加强对中国画的理论研究

中国画学会要把学术研究放在学会工作的首位，学术立会。深化对中国画的理论研究和新的阐释。讲清中国画所特有的中国特色、中国风格、中国气魄和中国标准的特点和优长，以理论建设来引领中国画的发展和播布。

我们要研究的问题很多，如对中国画精神的研究、特质的研究、历史演变和走向的研究，中西绘画比较研究、品评标准的研究、播布推广的研究、技法理论的研究，中国画收藏、赏析、消费的研究等。对这一切进行整体的思考和细化的研究，是当代中国画工作者的主要任务，也是中国美术发展工程的重要一环。

首先要进行中国画的历史成因和中国画特质的研究，当我们用大河寻源的办法，探索中国画这条源远流长的长江大河时，我们会感悟到中国画深厚的文化积淀和独特的艺术理念的特有价值。当我们用鸟瞰的办法来俯视世界绘画众芳的时候，更会感到中国画的独特魅力。

中西绘画的成因不同。当西方绘画借助几何学、建筑学、医学、光学、解剖学、透视学

走向辉煌的时候，在世界的东方，中国绘画走着自己的发展道路，以精神性、哲理性、诗性、书写性为灵魂，以东方思维的模式熔铸而成的中国画，运用独特的工具材料、丰富多样的表现技法，创造了东方美术的辉煌。两相比较，创作理念大不相同。

当前，我们对中国画的基本艺术观，特别是具有根本意义的"写意观"要深入研究。所谓写意是指画家对社会、文化、自然等深邃体察的总和，借助笔墨、立意为象，不同于具象的模拟和抽象的不似。早在 1000 多年前，中国画家写意传神的理念已经基本形成，并不断地丰富和发展着，诸如"形神兼备""缘物寄情""物我交融""神遇而迹化""似与不似之间"等，都是中国画传神写意理论的精华。在此理论的指导下，中国画既重客观，又重主观，天人合一，形神合一，物我合一，身心合一；中国画既具有具象的内容，又有抽象的概括；既有再现的因素，又有表现的因素。这些对立的因素在中国画中没有互相排斥，又不是机械的拼凑，而是有机地合成一种审美理想。中国画的学理不仅不会排斥对一切艺术形式的吸收，反而具有极强的融汇性，中国画能将西画的造型能力和许多优秀因素成功地融入其中就是明证，中国画是世界上最具有可持续发展可能性的画种。这种内在性质也为中国画的现代转型，提供了广阔的空间。相比之下，看世界当代绘画的发展之路，架上绘画逐渐衰微，观念艺术流派纷呈、自生自灭，面对西方基本以标新立异、颠覆传统、塑造新奇、远离艺术的倾向，难道我们中国画的发展之路不会对世

界美术的发展起到启示作用吗?

中国画还有许多艺术特点，如造型观、笔墨观、写生观、色彩体系、散点透视原理，以及反映在画家意识深处的"天人合一"等深层次的艺术观念，都是值得深入研究并广而推之的。

（二）繁荣中国画创作

繁荣中国画创作是学会的根本任务。为促进中国画大繁荣，我们要主动、自觉地解决好一些问题，如继承与创新的问题、传统与现代的问题、提高与普及的问题、中国画的当代形态问题、新的品评标准问题，以及创造和谐文化氛围的问题、中西融合问题和走向世界的问题，都是关系中国画健康发展的大问题。

中国画发展始终离不开继承、创新、传统、现代，处理这些既相关联又相矛盾的问题，我们要尊重传统，深研传统，把握传统的本质和当代价值，并且要鼓励创新，支持探索，提倡多样，尊重个性。只有辩证地处理好这两者和谐互动的关系，才能步入快速发展的轨道。传统与创新的关系有两点不容忽视：第一，中国画传统博大精深，源远流长。有文人画传统，更有早期的绘画传统，有五四运动后兴起的新中国画传统和社会主义时期绘画传统，还包括民间传统，其他相关艺术门类在美术方面的传统和民族美术的优秀传统，还有在不同历史时期融入中华文化的外国美术传统。新中国画之路一定要在大传统的灵山慧海中，找到我们的根，找到我们的遗传基因，不能孤立和片面地认识传统。第二，基础在继承，关键在创新。如果没有对传统精神的把握，由于继承不足，

功底不深，创新乏力，难有大成。但创新是中国画发展的生命，创新不只是在形式上，也不是新东西就都是好的、都是艺术性高的、都是有生命力的。这就要求我们画家、理论家要有慧眼，该提倡什么、保护什么，该批评什么、抵制什么，这个尺度要拿捏好。

这就提出了繁荣中国画的第二个问题，就是新的品评标准的问题。历史上每个时代都提出过一些标准，我们新的标准不能缺位，这也是中国画学会今后的一项重要工作。

繁荣中国画还有一项需要大家共同努力来完成的营造良好文化氛围的工作，在当今中国画的发展中，首先要认识中国画的和谐理念，更要创造一个和谐宽松的艺术生态环境，充分发扬学术民主和艺术民主精神，鼓励不同流派的发展和新的探索，营造百花齐放、百家争鸣的和谐氛围。我们不但要在中国画发展中创造一个宽松和谐的内部环境，也要营造一个好的外部环境，包括与社会、与观众、与市场，与其他画种寻求和谐发展之路。

繁荣中国画还有一个向外推广的大问题。我相信，深受广大民众喜欢的中国画，早年对日本、朝鲜及东南亚国家等产生过深远的影响，西方有见地的艺术家也从中国绘画中吸取营养，在新形势下，中国画能不能在世界上得到更大的普及呢，给世界绘画带来更多的积极影响呢？让中国绘画的魅力与世界人民共享。我们应该对自己有信心，对以人性的真善美为依归的人类文化前途有信心，中国绘画的文化艺术观念肯定会对世界绘画生态产生积极的影响。

（三）强化中国画学会的自身建设

中国画学会首先要明确学会的基本定位，明确学会与中国画界各方面的互动关系。中国画学会要在党和政府主管部门的领导下积极开展工作，争取社会特别是美术界的大力支持，争取广大中国画家的广泛参与。中国画学会坚决拥护中国共产党的领导，坚持走中国特色的社会主义道路，自觉遵守国家宪法和国家各项法律、法规、方针和政策；坚持"二为"方向和"双百"方针，弘扬主旋律，提倡多样化，为增强中国文化的软实力和建设中华民族的精神家园贡献力量。我们要反复认真思考论证中国画学会基本理念，确立中国画学会工作的基本方针和宗旨，规划中国画学会的未来发展。为此，学会成立以后，要围绕以下八项工作重点，强化中国画学会的自身建设的基础：

第一，要明确中国画学会的基本责任与目的。中国画学会是广大中国画家的组织，是为广大中国画家做实事的组织。

第二，强化学会基础建设。包括经费来源、工作人员设置、办公条件等（这次活动经费就是由厦门当代置业集团大力支持的）。今后我们还要广泛寻求社会支持，为学会的发展创造必要的条件。为回报社会，学会要加强社会服务工作、艺术咨询工作，开展各项学术、艺术推广活动。在未来有条件的时候，学会将吸收海内外有志于发展中国画事业的文化机构、企业和社会人士的资金，建立中国画发展基金。

第三，加强学会的基本组织建设。中国画学会要保持组织的高效性、纯洁性、服务性和阶梯性，积极探索现代运行机制、管理机制和人才机制，使学会能够可持续性发展。

第四，加强基本制度建设。学会要规范运行，注重信誉与良好的社会形象，尤其要有有效的监管和自我调节机制。

第五，高度注重学术品质建设。实施精品战略，学术质量是中国画的艺术生命，同时也是中国画学会的组织生命。

第六，长期注重人才建设。加强中国画的队伍建设，培养中国画一代又一代新人，是中国画事业长期发展的战略任务。青年是国家的未来、民族的希望，也是中国画事业的兴旺所系，因此，也是中国画学会的希望所系。

第七，加强学会窗口建设。办好学会专业刊物，策划、组织、出版有关专业著作，办好中国画学会网站。

第八，加强学会基本关系建设。加强学会与国内文化主管部门、文联、美协、各专业院校、画院及地方学术机构、社会团体的协作关系，同时，也要加强国际间的学术、艺术交往与合作。

总之，在中国画学会成立之际，强化中国画学会的自身建设意义重大。

各位领导、各位理事、新闻界的朋友们，今天是可以纪念的日子，我建议，为中国画的大发展、大繁荣而热烈鼓掌，谢谢大家！

（此根据《中国画》杂志发表稿整理，
另《美术》杂志有缩减版）

# 认识中国画优长
# 加强中国画播布

文 / 郭怡孮

中国画是自立于世界美术之林的一朵奇葩，世界艺术宝库中的一种特殊表现形式，与西方绘画同时构成世界绘画的两极，自有它的特点和优长。

但近百年来，中西绘画剧烈碰撞，中国画在艰难中前行，当前已进入了最好的发展机遇期。中国画家在对中西绘画异同的思考、对中国绘画特质的研究中，努力探索中国画这个古老画种在新的世界文化格局中的定位、发展和走向，这一直是中国画家强烈的文化情结。

那么中国画有哪些特点和优长能提供给世界呢？

## 中国画千年不衰，在于有可持续发展的"写意观"

从世界当代文化视野研究中国画的特色，探索中国画的民族性，探索中国画对人类精神生活的现实价值，以及东方美学的世界性贡献，要从这个画种的历史和成因上来分析。

1000多年来，中国画按照中国人的哲理、文脉和画理延绵不绝地发展着、丰富着，自成体系。它的融汇能力使其超越了美术的范畴，而成为综合性文化的载体。近百年来，东西方绘画强烈的碰撞，激活了我们传统文化中的深层基因，使其焕发出强大的生命力并产生了鲜活的文化转型。中国画家已把西方的造型手法和形式构成等优秀成果成功融入了中国画中，增强了其"再现"的能力和"表现"的宽度，使中国画发展的道路更加宽广。

然而，当代西方美术的发展是断裂的，虽然流派纷呈，但在艺术理念上是以标新立异、颠覆传统、制造新奇为主旨的当代艺术。西方美术已经走上了反艺术、伪艺术的路，前途一片迷茫。中国艺术家如果把西方的当代美术看成现代，而看不到自己的优长，完全去效仿学习西方，在审美标准上对自己传统产生怀疑，是很危险的，那样也就认识不到中国画是源远流长的长江大河，有着很强的融汇能力、吸收能力、修复能力和更新吐纳能力，对此我们应有足够的文化自知和文化自省。

中国画所以千年不衰，与时俱进，在于它的"写意观"。写意，既是中国绘画的一种表现手法，又是中国画的艺术观念。所谓写意，是画家对社会、对时代、对民族文化和对自然深邃体察的总和，借助笔墨，立意为象，它不同于具象的模拟和抽象的不似。

在写意理论的指导下，中国画既重客观，又重主观；既有具象的内容，又有抽象的概括。这些对立的因素在中国画中没有互相排斥，更不是机械拼凑，而是有机地合成为一种审美要求。这一理论不会排斥对一切艺术形式的吸收，而且有极强的融汇性，也为中国画走向现代提供了可靠的基础，中国画不会故步自封，不会断裂，而是有着不断发展的旺盛的生命力。

### 中国画具有深厚的文化内涵和精神性

与西画相比，中国画更讲求哲理性、诗性、书写性、精神性，不是纯绘画。西方艺术的发展，更多受到科学、医学以及雕塑和建筑的影响。充分认识两种绘画不同的发展道路和文化含量，有助于中国绘画特色的弘扬。

从世界范围看，现当代绘画艺术所面临的重大问题，不是风格不多，不是创新不够，不是技术不佳，而是全球性的精神品质苍白、下滑的问题，在这一点上，坚守中国画的文化内涵，加强中国画的精神性内涵，将会对世界艺术的发展起到导向性作用。

就拿我所从事的花鸟画而言，20年前，

我带着一个课题——研究西方绘画是怎样表现草木鸟兽这些自然景物的，而专程去了欧、美和非洲，作中西绘画对比性研究。结论是：中国花鸟画不但在表现题材的广博上占有优势，而且在对精神性内涵的表现方面也独具特色。精神内涵的博大表现在四个方面：一是中国花鸟画表现的是生命精神，不是浅层次的肖似，这与西方的动物画、植物画、静物画具有本质的不同；二是中国花鸟画把表达作者的精神、情感定为第一要素；三是中国花鸟画追求较深的文化内涵，当代花鸟画正以一个崭新的面貌，在表现时代、歌颂生命、保护环境、关爱自然、呼唤和平等方面，显示出它特有的作用和生命力，这正是中国画的优长。

### 中国画有望成为世界上最普及的画种之一

这是我的希望，也是我的预言。毋庸置疑，中国画在中国有着广泛的群众基础和众多的爱好者，极其普及，广大的业余爱好者的积极投入是中国的重要美术现象。

那么中国画能不能在国外普及呢？这是有望的，随着中国国力的加强，西方人对中国文化理解的加深，中国绘画的优长是会被外国人认知的。中国画能被外国人理解和喜爱，并进一步把握吗？我的回答是肯定的，因为中国画好学，好学的原因是中国画的程式性很强。"程式"是艺术家对生活长期的积淀，对艺术语言的高度概括，也是中国文化艺术的重要特色。中国的诗歌、戏剧、绘画，都注重"程式"，程式是特定艺术形式中最稳定的内在结构，也标志着它的高度成熟。相对西画而言，中国画对程式的创立、运用是特别重视的。历代有成就的中国画家，都在努力创造新程式，如郑板桥的竹子，齐白石的虾，徐悲鸿的马。从某种意义上讲，正是由于中国画的程式化特点容易掌握，掌握后会达到一定艺术高度，可以自娱，也可娱人，因此许多外国人也很喜欢甚至为之痴迷，这也有助于中国画的大普及。

中国画还有许多优长，如中国的造型观、写生观、创作观、散点透视法，中国画的色彩体系，以及反映在画家意识深处的天人合一等深层次的艺术观念，这些都值得深入研究，不再一一赘述。

加强中国画播布的三点建议：

请让我借用鲁迅先生《拟播布美术意见书》中的"播布"一词。播，当然是传播、播种，布指散布、布列，播布是指有计划、有重点地宣传、传授、弘扬中国画艺术。

中国画不仅是一个画种，也是中华民族精神的文化载体，承担着一种特殊文化使命，当前新一轮的文化竞争已经渗透到地球的各个角落，文化是否同样具有全球化的危险，因此，能否建立体现我们的审美观和文化价值观的面向世界的美术平台，对中国画的大力播布将具有重要意义。

（一）大力加强中国画基础理论的研究和学科建设

中国古代画论非常丰富，浩如烟海，需要梳理。当代中国画的理论研究缺少规划，在对民族美术的总体认知方面，对中国美术价值观，对世界及其贡献方面的研究很不够。直到现在我们还找不到一本较权威的"中国画概论"。

我们需要学术性很强的中国画专著，又要有通俗易懂、深入浅出的普及中国画知识的读物，让中国老百姓和外国人都能掌握和理解。

这是一个大工程，国家曾经拿出一个亿来搞重大题材的绘画创作，也要精心组织中国画理论建设工程，这需要政府倡导，文化部门、研究机构、美术院校通力合作，定出课题，特别是对中国画的民族特色和当代价值的研究。对港台美术、东方美术、全球华人美术，从深度、广度上展开，以树立中华文化和东方文化在世界上的整体形象，建立当代中国画的价值标准和品评标准。基础理论建设政府应是引导者、组织者、投资者，各艺术单位和专家学者都应该积极投入。

（二）加强对外宣传

中国美术对西方的影响远不如西方美术对中国的影响，当"西风东渐"的时候，中国画经受了炼狱式的考验。当前的现状是西方人对中国古代美术是尊重的，对现代中国美术是漠视的，不甚了解，更有部分别有用心的人对"中国制造"的美国式现代艺术给予大力扶植。

中国当代主流美术没有引起西方人的关注，很少有人能进入中国美术的深层，他们不了解中国美术的当代成果，不了解中国美术的现状和环境，他们用西方的美术理论来理解中国画。

基于此，我建议加强中国美术的写作、翻译、推介工作，要把写作翻译工作当一个工程来办，要大力培养美术翻译人才，我们太缺乏精通美术史论、美术批评、美术技法术语的翻译人才。

我们没有研究西方美术的专门机构，对西方文化入侵也缺少对策的研究，对外美术宣传经常打不到点上，这是关系文化安全和创造中国美术世界生态环境的大问题。

我们要选出真正的有代表性的好作品，走出去，找准舞台，参加有影响力的国际展，力求进入国际一流的美术馆、博物馆。有计划地组织展览、交流、写生、讲学等活动，以扩大中国画在世界的影响。着重利用我国设在世界各地的文化中心，特别是孔子学院，以及开办有汉语专业的国外高等院校，开设中国书画课程。

（三）加强对中国画教学的研究和教材建设

中国画教学，以往是师徒制，薪火相传。自从美术开办院校以来，美术教育基本在西方学院派教学的框架中，中国画教学始终在探索，经过几代人的努力，中国画学院派教学逐渐形成体系。

但我们应该看到中国画教学在基础知识、基础理论、基本技法的建设方面做得还很不够，还没有形成完善的教材，基本上是各院校自行制定，甚至是以教师本人的教案为主。我认为建立与西方美术教学不同的具有中国传统文化特色的书画教学体系，应作为一件大事来抓，教育部应该牵头，探索培养中国画优秀人才的新路子。

在中国画专业教学中，增加中国文化的比重，在西画专业，特别是在占美术院校学生大多数的设计、动漫等专业的学生中加强中国画理论和实践的教学，以培养民族的审美观。建立中国画教学的评估体系，加强对书画鉴定、书画市场管理人才的培养和对外交流人才的培养。

# 承传与拓展
# 新世纪中国画的文化复兴使命

## ——第二届全国中国画展感言

文 / 郭怡琮

2003 年 8 月，"第二届全国中国画展"在大连隆重开幕，并陆续在北京、上海、深圳等地巡展，这是继 1993 年"首届全国中国画展"之后，相距 10 年，中国美协、中国画艺术委员会推出的重要学术展览，是继"百年中国画展"之后的一次具有高学术品位和广泛艺术包容量及前瞻性的大型展事，同时也是对当前中国画创作的一次学术阅兵。

当我面对近 7000 件初评作品和 300 余件入选作品和获奖作品时，心情十分激动。作品反映了中国画发展的主流走向和多极化趋势，这就很自然地赋予了了这次展览以里程碑意义，比起 10 年前的"首届全国中国画展"作品来，中国画创作确实又取得了一个新的飞跃。

当前世界文化格局发生了重大变化，探索中国画这个古老的画种在新的文化格局中的定位、发展和走向，接受群众和专家的检阅和批评，提供研究的系统形象资料，供人们观摩和欣赏，是举办这次展览的使命所在。

20 世纪，中国画经历了它艰难的现代化转型历程，当代中国画与传统中国画的面貌已经拉开了一定距离，形成了自己鲜明的时代特征。当然这种转变一方面是得益于对中国画传统有生命力的文化根源的深入挖掘，而另一方面则是在中西文化的不断碰撞中对于西方优秀文化的广泛吸收。从当前中国画创作特别是这次展览的参展作品来看，中国画正向多样和多极化扩散。当然还是基本上围绕着中国画本身来发展的，这与 2000 年的传统文脉和五四以后新文化传统是一脉相承的。从这个中心向四周，中国画呈现一种扩散式的漫延趋势。离中心越远，中国画的特征就相对越减弱，组合成分就相对越复杂。而且，中国画外围界限已有所模糊，与其他画种呈现一种融合的迹象。联系起中国画 2000 多年来的发展演变与当前的发展态势，它十分像一棵仍在生长的千年古树，过去它是呈一种线性地发展，因此这是中国画的树干；而现在它则是一种扩散式地发展，它十分像中国画这棵千年古树的树冠，在这个树冠中，有一个相对的主流与核心，但同时又有各种嫁接的枝条，有各种画风的百花齐放，呈现出一种五彩缤纷、枝繁叶茂的景象。

围绕着这棵千年不衰并日益成长的大树，当代画家们思考着一系列的问题，"传统与现代""民族与西方"，这是近年来乃至近百年来讨论中国画的发展离不开的话题。因为在这社会和文化大变革的时代，国画家们同样处在浪涌波翻的激流中，在"东方与西方""尊古与崇洋""保守与激进""立足本土与全面西化"等种种矛盾中去思考中国画的命运。正是这种强烈的矛盾激活了我们传统文化中的深层基因，使之焕发出来了其自身的强大生命力并产生了鲜活的文化转型，这促使我们从更根本和更高的层面上来宏观地思考中国画在新世纪的环境中生存与发展的问题，充分利用各种文化冲突与矛盾力量，寻求中国画发展的新的生存空间。

近10年以来，中国乃至世界的政治、经济和文化格局都发生了巨大变化，迈进21世纪的中国画艺术，面临着新的机遇和挑战。一方面，从现有的态势来看，中国画在现代时空中的生存与发展的潜力十分雄厚，正处在新中国成立以来的最佳发展时期；而另一方面，随着整个世界的政治、文化、经济的更紧密的关联，文化日益产业化，新的一轮文化竞争已经渗透到地球的各个角落，文化是否同样具有全球化的危险，中国画是否会失去本土特色，这是中国画家们最为关注的问题。我们要认真看待中国画发展的潜在危机与新的挑战，抓住机

遇，务本务实，不失时机地巩固中国画阵地和拓展疆域，这是我们这一代中国画家的责任。

现在我们国家为中国画的大发展创造了文化大环境，中国画也将会迈向更广阔的世界舞台。"北京国际双年展"即将在北京举行，将建立体现我们的艺术审美观和文化价值观的面向世界的美术平台。中国美协已经加入"国际造型艺术家协会"，并成为下届世界美术大会的主办国。到2008年在北京举办奥运会时，我们以什么样的中国绘画形象展现在世人面前呢？

我以为要从中国画这一传统艺术形式如何去表现与时俱进的民族精神和时代精神这样一个纵的方向上去思考，更要从世界文化大格局中的中国当代文化的定位这样一个横的层面上去把握。从这种意义上来讲，我们就是要创造有民族特色和人文传统的，同时具有现代文化特质和当代文化功能的现代中国画艺术，它要求我们从世界当代文化的高度上来探索中国画的民族性，探索东方美学在当今世界上的独特人文价值，同时又要从民族的立场上来探索中国画的现代之路，探索中国画对人类精神生活的现实价值，使高品质的"中国制造"的文化品牌走向世界，中国画才能不被西方绘画同化，并迎来新的繁荣。

由此看来，民族传统文脉的守卫和中国画现代表现的全面拓展，就是在中国画当前发展中要认真处理好的矛盾又统一的两个方面。中国画不仅是一个画种，它同时也是中华民族精神的文化载体，所以中国画所承担的是一种特殊的文化使命，这是民族文化复兴的重要部

分，是民族文脉传承与弘扬的一个具体的文化样式。因此我们要牢牢地守卫住这个不断生发的传统主干，警惕会出现断裂的危险，因为这主干是当代中国画的生发之根。

然而，守卫主干的目的，是为了从传统向当代的转化，使其更好地表现现代生活，表现现代人的思想情感。中国画必将从较为固定的封闭的形式转向开放式的结构，并具有更新修复的能力、更新吐纳的能力。

因此我们还应大力加强对中国画基础理论的研究与学科建设；要提升中国画的文化层次，这文化层次是区别于其他绘画的重要方面；要使之力所能及地担负起当代的文化使命，成为当代精神文化的载体，成为现代人类精神交流的一种"文以载道"的形式；要有针对性地对中国画笔墨语言进行深入研究，使这种被中国人广泛通用的特色语言，能够在更广大的人群中（包括外国友人在内）被理解和喜爱，并得以进一步发展。我曾经预言，中国画定将成为世界上最普及的画种之一，要有针对性地培养青少年对中国画的兴趣，提高较深层次的认知程度，在青少年中的普及会使这一古老的传统艺术散发青春的活力；要使中国画从内向型转为内外兼顾型，使中国画从地域性文化逐渐加入全球文化的大家庭之中。只有当我们中国画家思考世界绘画的发展时，我们才能主动进行国际对话，是到了认真考虑和对待这些问题的时候了。

中国画家自身理论上的明确是十分重要的，在全国美协中国画艺术委员会 2003 年会上，委员们围绕着这次画展进行了热烈讨论，大家认为为了更好地承传和拓展，有必要在近期召开两个理论研讨会，一个是当前中国画的品评标准，一个是对中国画笔墨这个核心问题的进一步探讨，我想这将在更高层面上进行。大家希望能对一系列关键性的具体问题，站在学术的制高点上，以全球性的视野来进行仔细研究，这对新世纪中国画的文艺复兴是必要的。

祝贺"第二届全国中国画展"成功举办。

2003 年 7 月 16 日于北京

经国务院批准，由文化部和民政部主管的中国画学会于 2011 年在人民大会堂举行成立大会，中国画家有了自己的全国性组织，郭怡琮担任会长

郭怡孮在首届中国写意画展开幕式上

郭怡孮主持第二届全国中国画展

参加全国美展的评委，左起靳尚谊、郑叔方、郭怡孮、李荣海

全国花鸟画大展的评委，左起冯大中、孙克、刘曦林、郭怡孮、莫建成、张道兴、李宝林

中国画学会曾组织过许多大型集体创作，如"黄河万里图""长江万里图""一带一路长卷""红船颂"
等，上图是郭怡孮在"黄河万里图"画卷前。下图是画家们集体审稿"一带一路长卷"，前排左起郭怡孮、
杨晓阳、谢志高、施江城

第二届全国中国画展开幕典礼

中国美协中国画艺术委员会成立，郭怡孮先生先后担任副会长、会长、名誉会长

全国美协中国画艺术委员会举办过许多大型画展，图为郭怡孮先生在开幕式上讲话

在香港与饶宗颐、杨善深等人合影

中国美术家代表团成功访日归来后，刘勃舒、马德春、郭怡琮到美协主席吴作人家中汇报

郭怡孮应邀出席中国驻美大使馆召开的庆祝新中国成立 32 周年国庆招待会

1987 年，郭怡孮在琉球群岛为小朋友们演示中国画

1997年香港回归时，郭怡孮同程十髪、宋文治、吴清霞、钱君匋、邵洛羊、韩天衡、王明明
合影于香港太平山上

为庆祝香港回归访问香港，图为在太平山上郭怡孮和程十髪、宋文治、韩天衡等先生合影

郭怡孮访问台湾时，在台北孙中山纪念堂同台湾画家欧豪年合作大画

应邀为琉球和平祈念馆创作大幅花鸟画，2005年摄于琉球群岛

自 1996 年起郭怡孮担任第八届和第九届全国政协委员，获政协委员优秀提案奖

郭怡孮和文艺界的几位全国政协委员合影，左起刘勃舒、郭怡孮、张贤亮、毕克官

全国政协考察团到玉龙雪山，左起郭怡琮、刘炳森、赵世英

两会期间，政协委员和人大代表中的书画家委员共同合作大画

中央文史研究馆馆员外出视察、采风，图为郭怡孮在黄山写生

中央文史研究馆组织了"中华艺术大家讲习班"，图为郭怡孮和花鸟画班的同学们外出写生时合影

2018年，中国美术家协会第九次全国代表大会在北京召开。上图左起董小明、龙瑞、郭怡孮、邵宗远、赵建成。下图为郭怡孮与李庚、马新林、陈湘波等代表合影

2003 年，郭怡孮被聘为中央文史研究馆馆员，图为在中南海紫光阁接受由温家宝总理签发的聘书

郭怡孮参加中央美术学院建校一百周年纪念活动

郭怡孮参加中央文史研究馆活动时与李小可、王镛、冯远等人合影

在中央文史研究馆举办"江山逸韵、时代新风——馆员书画展"开幕式上，左起程大利、李燕、吴静山、马振声、金鸿钧、郭怡孮、尼玛泽仁、范迪安

# 展览回顾篇

ZHANLAN HUIGU PIAN

　　本篇将对郭怡孮先生的个人画展做些介绍，在于系统地了解不同阶段他的艺术追求和成果，每一个展览都是一段时间中的艺术总结，结合当时所开研讨会的纪要，通过专家评说，我们可以更真切地了解他的艺术历程和艺术思想。

　　1986 年，郭怡孮在加拿大蒙特利尔政府大厦举办"郭怡孮画展"，这是改革开放后，郭怡孮首次出国举办展览，加拿大电视台为其拍摄专题片《美丽的中国之花在加拿大盛开》。

　　1989 年和 1991 年，郭怡孮两次在中国台湾"中华艺苑"举办个人画展，报道称"在断绝了 40 多年艺术交流后，在北京中华书局和台湾"中华书局"的两位总经理的大力支持下，大陆著名中年画家，在台北举行首展，为海峡两岸的艺术交流迈出了可喜的一步"。台报评论"这是民族艺术的一抹新霞"。

　　1990 年，郭怡孮先生在巴黎国际艺术城展览厅举办了他的个人画展，《欧洲日报》发表文章《幽情壮采的"灰箱"——访问中国著名画家郭怡孮》。 评论文章说"郭怡孮的画袭来明丽壮彩化了的幽情，而不是千年婉约的花卉，不再是

文人画的阴柔的折枝小品，而是透着大自然山野之气的花团锦簇"。

1996 年，郭怡孮在中国美术馆举办了他在该馆的首次个人画展，作品《春光图》《日照香江——为 1997 年香港回归而作》《赤道骄阳——我的内罗毕宣言》《西湖过雨图》《雨林深处》等集中展出，引起了美术界的高度重视，对他"拥抱社会""拥抱自然""拥抱生活"的新画风给予充分肯定。

2002 年，郭怡孮在全国政协礼堂举办大型画展。2012 年，他在中国美术馆举办了"大好春光——郭怡孮艺术展"，系统地展示了郭怡孮从艺以来的代表作品，受到社会的广泛关注和美术界的好评。

2021 年，郭怡孮在北京奥林匹克中心公园书画频道美术馆举办了"百花齐放——郭怡孮绘画展"，以十数幅大型创作和百幅小品画，展示了他 80 岁以后的艺术成就。

另外还有"怡园同芳"展览，展示了郭怡孮和他教授的 10 位博士生的作品。"东风朱霞"展览展出了郭味蕖、郭怡孮、郭玫孮父子三人的作品，从中我们可以看到郭氏家族的艺术渊源和一脉相传。

# 拥抱社会　拥抱自然　拥抱生活

## ——郭怡孮花鸟画艺术研讨会发言摘要

　　由全国政协书画室、中央美术学院、中国美术家协会、中国美术出版总社于 2002 年 3 月 16 日在全国政协礼堂联合举办了郭怡孮画展暨《中国近现代名家画集——郭怡孮》首发式，同时举行了郭怡孮花鸟画艺术研讨会。全国政协常委、政协书画室副主任刘炳森先生代表主办单位首先致辞，他说郭怡孮先生是位拥抱社会、拥抱自然、拥抱生活的新一代花鸟画家，在新花鸟画的变革中，郭味蕖、郭怡孮父子两代人做了艰辛的努力。画集中编选了他从 20 世纪 50 年代至今的 180 余件作品，可以看出他艺术发展的过程和艺术风格的演变。他说郭怡孮先生提出了许多艺术主张，是位长于思考和总结的画家，今天我们在这里开座谈会，是对他艺术成就的评价，更是为了中国画这民族艺术的发展。座谈会由刘炳森、范迪安、孙克主持。

**靳尚谊**（中国美术家协会名誉主席、中国文学艺术界联合会副主席）：

　　郭怡孮同志是我国现在很有影响的花鸟画家，刚才炳森同志已经介绍了。国画家是越老越成熟，很多名画家到了 80 岁或 90 岁才是创作鼎盛期，从这个意义上来讲郭怡孮还有很多路要走。他的画在他中年时期就有比较大的影响和突破，在花鸟画领域很有自己的特点，这些都是难能可贵的。

　　中国画是我国具有深厚传统的画种，历史悠久、内涵非常丰富。但从美术学院招生的情况中了解到，学中国画的学生越来越少，我们在西方化的过程中感到一定的危机，这个现象应该引起大家的关注，引起全社会的关注。今年政协会上大家很关注这个问题，从民族文化艺术的角度提出怎么复兴中国的传统文化，传统文化怎么普及的问题，因为年轻人越来越不了解中国的传统了。在郭怡孮同志的座谈会上提出这个问题，希望大家都能认真关注，如果一个国家富裕了，但民族特点、文化精神消失了，我认为就等于亡国了，虽然现在还不存在这个现象，但有这种可能性。

中国画处在转型期，20 世纪是其从传统向现代转化的时期。新中国成立以后人们对传统文化的学习有所削弱，"文革"又对中华传统文化进行了批判，现在的年轻人是在批判中国传统艺术的思潮中成长起来的，他们有可能喜欢它吗？不可能，因为环境是这样，连我们这一代人对传统文化的了解都有所减弱。上一辈人对传统文化很了解，学养很深厚，其中又有一部分人到西方留学，吸收西方文化，那一代人是非常了不起的。在花鸟画方面，齐白石、李苦禅、潘天寿、郭味蕖等，传统文化修养都很深。到了 20 世纪 50 年代，国画改革的浪潮是很凶猛的。那么改革开放以后，就发生了更大的变化，我们说要尊重传统艺术，大力弘扬中国画，但实际上在我们的基础教育里传统的东西是空前的少，中国画面临的形势比较严峻，在新形势下，怎么振兴中国画，是值得认真思考的。

**潘公凯**（中央美术学院原院长）：

刚才靳尚谊先生讲得非常好，中国画发展到今天，一方面取得了大面积丰收，一方面仍存在着深层次困惑，或者说深层次的危机。改革开放以后，中国画的发展也进入了一个前所未有的好的发展时期，我们对中西方艺术的进一步了解，也为我们思考研究中国传统艺术提供了进一步发展的条件，任务是重大而艰巨的，条件也比以前成熟了。

在这样的背景下，郭怡孮先生在花鸟画创作方面做出了艰苦的努力。他从他父亲郭味蕖先生那里继承了深厚的学养和笔墨方面的传统，这个基础非常重要，在他艺术道路上起着非常重大的作用。但郭怡孮没有停留在继承的阶段上，而是勇敢地、非常努力地向前推进，做出了一些重大突破。中国花鸟画在当代要突破其难度是很大的，近代出现了一批花鸟画大师，他们在技巧、风格，以至体系上都非常成熟，这也为后来者在继承和创新方面加大了难度，很难再超过以往的大师。因此郭怡孮先生所取得的成绩是难能可贵的。

在三个方面他对花鸟画的突破是引人注目的。第一个是题材上的突破，他是当代花鸟画家中表现题材最丰富的，把山花野草以及最新品种的花卉都纳入了自己的表现范围，这是他的作品有崭新时代气息的来源。第二个突破是他对色彩的大胆尝试，中国画历来强调水墨为上，强调清高雅逸的审美取向，对色彩运用比较少。另外中国的宣纸不太适于表现色彩，色彩在纸上湿的时候和干的时候差距很大，完全要凭经验才能掌握。我想郭怡孮先生一定做了非常多的尝试，他用色的色谱非常宽，非常丰富，这对花鸟画发展做了很好的探索。第三个是他在构图上也有突破，构图饱满，中国传统花鸟画留白很重要，有传统的审美，更有固定的规律，想改变这套规律，就要拿出自己的一套来，这是非常不容易的。

**李中贵**（中国美术家协会原秘书长）：

郭怡孮同志是全国美协中国画艺术委员会的主任，他为中国画艺委会做了很多卓有成就的工作，他教学工作繁忙，在这种情况下画了这么多画让人钦佩。

"文革"后北京首次办山水花鸟画展，郭怡孮同志的作品当时十分引人注目，他的画风深受郭味蕖先生的影响，但没有停在家学的基础上，他在北京艺术学院受过严格的训练，我看过他的人物画，造型能力很强。他的作品既有传统功力又有时代特色，是东西方文化的有机嫁接，是传统和现代的巧妙结合。

郭怡孮先生提出的"大花鸟精神"提示的是中国传统花鸟画的一个本质特征，他注意学习古今中外的传统，他的觉醒是在中西对比中得来的，在读万卷书（画）、行万里路中得来的。他提出"直觉先行，理论断后"，直觉先行是行万里路的结果，理论断后是勤于思考的断后。

**程大利**（中国美术出版总社总编辑）：

首先代表中国美术出版总社，代表人民美术出版社向郭怡孮同志祝贺，这套画册叫"近现代名家系列"，旨在为 1840 年以来优秀的中国画家立传，后来范围变为 20 世纪以来的优秀中国画家，近年我们开始把目光转向卓有贡献的中年画家身上，定位在某一个领域做出重大探索、突破，有代表性的画家。我们正在研究这套书新的出版原则和出版范围，我们将继续为当代卓有成就的中国画家立传总结。

郭怡孮先生的艺术，我认为他是中国传统花鸟画向现代转型阶段最成功的探索者之一，最有代表性的画家。他走了一条艰难、很有挑战性，但又有重大意义的道路。如何引入现代观念和西方绘画的长处并用到传统绘画里去，

这需要一大批人去努力。郭先生把重彩因素、构成因素，把现代的很多审美意识收入画中，这些探索非常可贵，在引入现代语言、引进外来因素的时候，如何保留中国传统审美因素中那些被历史肯定的原则，这也是当前摆在中国画家面前的难题。

**张锲**（中国作家协会原名誉副主席）：

我喜欢郭怡孮的画，也喜欢他这个人。我比较早地注意到郭怡孮先生的画，我被他的风格，画中饱满的生命、鲜艳的跳动的生命所感动。看到他的画，给我一种耳目一新的感觉，他有很多独创，1997 年我和郭怡孮先生曾有幸参加全国政协视察团去云南，在那里共同生活了一段时间，我了解到郭怡孮先生在云南，特别是在西双版纳长时间地深入生活，不是一般地深入生活，而是长时间地、无条件地潜心致志地和云南美丽的自然界打交道，这可能对他终身努力变革花鸟画大有裨益。我感觉他的画不是平面的、枯燥的、僵化的，是鲜艳的生命，这是很重要的东西，我感觉中国的花鸟画最重要的问题大概是要有时代的感觉。我希望在我们的盛世中国美术界能有点新的突破，特别是花鸟画，希望它被赋予时代的生命，一种自然的生命。

**韩国臻**（中国美术家协会会员）：

郭怡孮先生是国画系的教授，他是位非常敬业的先生。去年 9 月份在院系的支持下，我们系举办了"郭怡孮花鸟画创作高研班"，他在教学过程中的那种投入是让人吃惊的，可以

说教学是郭怡孮先生很重要的另一部作品，将来大家可以从他培养的这些学生中看到他在教学上付出的心血和取得的成果。

我个人认为郭怡孮先生给我们的启示不仅仅局限在花鸟画这个范畴，在当代中国画走向现代的现实状态下，他的艺术探索都有重要的启示，因为20世纪我们和传统就有一些疏离，就像刚才靳院长讲的连他们那一代人对传统都开始有些陌生了，后辈就更不用说了。在目前这种开放的状态下，大量的现代的西方信息的涌入，使很多人产生认识上的误区，认为西方的就是现代的，传统的就是落后的。我认为郭怡孮先生的艺术实践给我们提供了非常重要的启示，他始终没有脱离传统。如"充实和大"这本身就是中国传统美学追求的很重要的一种审美精神，在汉唐艺术当中，已被充分地表现出来了。但是由于时代的发展，水墨成为中国绘画的一个主流以后，文人的孤傲、冷逸的审美占了主要地位，但是这部分的审美的艺术追求并没有死亡，它走向了民间。在民间，艺术得到了充分的发挥。很多人认为现在一画中国画就是逸笔草草好像不这样就不叫中国画了，实际上这是我们对传统认识上的一个误区。我认为郭先生作为一个现代艺术家，在探索当中始终没有躲避传统美学，他提出来"大花鸟"，这个"大"我认为它本身就很传统。另外，从他的画面感觉到那种审美状态表现的趋势很有现代感，你仔细解读他的语言，可以说所有中国画的语言，包括写意、工笔、水墨、重彩，甚至山水技法，他都大量吸收，我个人感觉在这点上他是做得非常好的一位。他没有行当之

间的藩篱，他对中国画所有的语言特点，可以说他处在一个很高的位置上全面地俯视，广泛地吸收新的技法，在整个语言的结构上具有鲜明的现代的创造性。

还有一点就是艺术观念，中国传统的艺术观念强调师传统、师造化、师心。艺术家往往在这三个方面各有侧重。例如文人强调师心，传统派特别强调师传统，我感到他的艺术创作观念非常开放，他努力做到师传统、师造化、师心，来完成他整个艺术创作的追求，这对中国画的现代探索来讲是非常重要的。当前很多人在用西方的艺术观念，甚至大量地吸收西方的语言要素，或是变更了中国语言要素，然后在图式上也大量地模仿西方现代绘画。作为个人表现来讲是正常的，无可非议，如果是中国画艺术家都这样来追求现代化就失之偏颇了。对传统当中包容的现代性，应当仔细地审视发扬和研究，我觉得在这个基础上才能更好地发挥中国绘画艺术，使它走向现代，所以我说郭怡孮的艺术探索在这一方面对我们有重要的启示。

**李松**（中央美术学院教授、资深编审）：

郭怡孮先生继承了郭味蕖先生的创作思想和创作经验，如对生活的热情，那种创新的热情，把郭味蕖先生开拓的艺术道路又向前推进了。从展览和画册的作品中，可以看到他20岁时的作品已经相当不错了。那时他学的是郭味蕖先生的风格，可后来就大不一样了，他将当代花鸟画向前推进了一步。当代花鸟画题材的扩展是一个明显的发展，他画的不是折枝，

不是丛艳，而是自然环境中的花草，这在处理上要遇到许多困难，没有前人经验可借鉴。他能把各种技法融合起来，"不择手段"地要达到目的。

还有就是当代建筑需要大画，大画需要新的处理方法和新的思路。郭怡孮积累了丰富的经验，在这方面他不但是一个创作者、画家，还是一个思想者，创作每一幅画他都做了充分的准备，做了深入的思考。另外他的绘画风格很开阔、很大气，跟他的为人是很一致的，在当代的画家里他是非常有个性的。

**杨力舟**（中国美术家协会原副主席，中国美术馆馆长）：

我们入美院时郭怡孮先生就是老师了，我们都很敬重他，几年前他在美术馆办的个展获得了很高的赞誉。今天我想说三点：第一是他和他父亲的学派问题，他对郭味蕖先生的艺术是继承、发展和突破。他只去继承也可以名扬天下，但他没有这样做，自我接触他时他就在创新，而且是大胆创新，幅度很大，从笔墨、色彩、构图、技法，到题材他都做了很大努力。我更赞赏郭先生对家学的继承态度，在继承中发展，既要发展自己父亲的艺术成就，又要发展我们的民族艺术，这并不矛盾，是一回事，他做得非常好。第二是他的作品很有特点，我和朋友说要在花鸟画里找主旋律你就去看郭怡孮的画，他的画蓬勃向上，非常清新，是锦绣大地、锦绣河山，是一种健康的朝气勃发的没有旧痕迹的新画风，那是世界观在支配着他。他对社会的热情、对生活的热情、对大自然的

爱都能体现在作品中，这种气息是时代的，是我们这个时代花鸟画创新的一个典型。第三是郭先生的敬业精神，他在教学中非常投入，非常敬业，社会工作很多，团结了一批国画家来提高中国画的水平，我们接触多了，知道他身体不太好，经常提醒他"悠"着点干。

**邵大箴**（中央美术学院教授、著名评论家）：

对郭怡孮的画大家分析得很精到，我想说郭怡孮先生也继承发展了郭味蕖先生的传统绘画理论。他善于思考，是一个思考型画家，这一点从他的文章、画中都可以看得出来。他提出"大花鸟意识""主题性花鸟画和直觉创造""你的野草是我的花园""大麓画风"，还有"重彩写意"等。这是他的视点、他的理论概括，从某种程度来讲，这些都是把相对应的因素结合起来。他提出了一个"大花鸟意识"把花鸟画提到了一个很高的高度，要写生命，要写精神性，要有文化内涵，要有时代特点、社会属性。花鸟画有时候是这样，有时候不一定是这样，但这是他的主张。提出"主题性花鸟画"这本身也是很有意义的，虽然这是有争议的课题，他把主题性花鸟画与直觉创造这有矛盾的两方面并论，把这两个结合起来，也是他的提法。他提出的"大麓画风"，这是从启功先生为他写的题画诗中的一句"麤宸宏开大麓风"引申出来的，屏风的辉煌与野草、野花的结合，本身也是难度很大的。还有"重彩写意"。说老实话写意就是有点排斥重彩的，重彩也有自己的传统，将二者结合起来也是难度很大的。他的画是有理论见解支持的，很多人说他在郭

老先生的基础上有发展，我说他是很大胆的，说明他是有理论思考的。他说"直觉先行、理论断后"，他说得都很好。我觉得这几点虽然有争议但有意义，这些争议就像他的画有争议一样，上次美术馆展览，我也听到有人说他的画太装饰性、画面太华丽，离传统远了一点。这些言论也很好，两种意见结合起来就形成了郭怡琮先生的艺术特色，郭怡琮所有在当前画坛上的价值，就是由这两点组成的。坚持自己独立的东西，体悟共同的东西和普遍的东西，守住独立的追求，并要兼容并蓄。这是认读郭怡琮先生画作的一把钥匙。我想郭怡琮先生可以继续走下去，可以继续听不同的声音，继续坚持自己独立的见解或独立的画风，因为我们中国画需要各种各样的画风、各种各样的画派，包括他的写意重彩这种辉煌的、色彩艳丽的画风。

**邹佩珠**（雕塑家、李可染先生夫人）：

我很关心郭怡琮继承他父亲的东西，我觉得他还要努力，并非要和他父亲一样。可染先生是齐老和黄老的学生，但画的画并不一样。郭味蕖多画水墨花卉，郭怡琮画的是色彩艳丽的山花野卉，别看都是些山花野草，这里面的情谊太深了。我是杭州人，我看他的《西湖过雨图》，同我的生活非常接近，引起我许多回忆。《赤道骄阳——我的内罗毕宣言》的构图和色彩，一下把我的心沉下来了，沉到它的意境里了，我想这都是源自他的激情，作为一个艺术家，这是第一位的。可染改革山水画，提出"可贵者胆，所要者魂"，这魂太重要了。我和可

染先生生活了大半辈子，他离不开生活，晚年有病，腿要截肢，还要到生活里去，这是一辈子的事情。郭怡琮跑了那么多地方，如果不带着感情深入生活，怎么能画出这样的画，我的感情随着他不同的画在变化。

**石齐**（北京画院画家）：

郭怡琮先生是我们这一代里走在比较前面的画家。我听李可染先生说："画画也像树一样，根要埋得深，树冠就大，根埋浅了，树长不大，花叶很快就没了。"用这句话来谈郭怡琮比较恰当。他第一得益于工笔画，得一流高手俞致贞的真传，从他父亲那里学小写意，又从李苦禅那里学大写意，他们都是大师。郭怡琮是专业画家里有文化的画家，文化素质高，一位文化型的专业画家，成果很全面、很耀眼。第二是他时代定位很准，早在"文革"以后我看他的《山花烂漫》，就感到画中有烂漫的时代感。第三是色彩，色彩是中国画中最令人挠头的一个问题，美术学院有一个教授说"色彩多一分，中国画就减少一分"，可见色彩要加进中国画有多么难。色彩的长处来自笔墨，在笔墨上我们无法与前辈平起平坐，笔墨是第一的，但要补充上色彩，我想我们的祖先是喜欢有改革的人，郭先生在改革上做出很大成绩，也得到同行很多人的认可。

**李魁正**（中央民族大学教授）：

第一点郭怡琮今天所展示的面貌是全新的，是和以传统水墨为上我们固有的花鸟画思维不同的一种式样，因此可能在美术界引起争

议，这是正常的，我们不能用传统或者笔墨、或者装饰等程式来衡量这样一种式样，我觉得应该站在更高的时代要求和发展的角度上来争议。第二点郭怡孮的绘画语言、式样是在郭味蕖的基础上发展起来的，我曾写文章把郭味蕖定为繁盛派的代表。把他们父子的作品和创作思想看成一个整体，我们可以研究近当代花鸟画的发展。

**刘曦林**（中国美术馆研究部主任）：

郭家两代人为现代中国花鸟画事业做出了巨大的贡献。郭味蕖先生在20世纪五六十年代坚决告别了旧文人画的观念，转向中国画当代形态，创立了新时代的一种新花鸟画观念，郭老先生应是花鸟画创新最具代表性的人物之一，而且是最前面的代表人物，这是历史上认可的。

郭怡孮先生是位有时代使命感的画家。他坚决地冒着很大风险在艺术上与郭味蕖先生拉开距离，形成自己的新风格是非常难的，但这也是他的历史责任。正因为这样他才敢于冒风险。他的艺术内在美中有一种盛世感，一种中华民族到了20世纪80年代的盛世感，这是其鲜明的时代特色。他的"大花鸟"思维通过天人合一的哲学，在走向中国历史新阶段的时候遇到一种新的机遇。

另一点是他的个性语汇、饱和的章法、明丽的色调以及笔墨等各种技法的综合，还有色彩是他绘画的重要特点，潍坊年画是五色体系，西方的光色是七色体系，后来发现补色关系，又有印象派、后印象派。郭怡孮先生充分利用民间色彩体系，又结合西方色彩体系。希望郭先生对色彩继续研究下去，找到自己的色彩主体，然后融合其他体系。中国色彩一定要进一步总结自己的色彩体系，找到中国色彩的现代形式，这在当前是中国画发展的一个新的机遇。

**杨悦甫**（美术评论家、画家）：

郭怡孮先生有一个很大的特点就是思考问题的起点高。很早他就给自己提出了向学者型画家发展的要求。

我记得在20世纪80年代中期，他就写文章提出了中国画的程式问题，在1987年中国画研讨会上这篇论文就曾引起注意。

郭先生很早就形成自己的风格，如双勾填色，这种语言他一直在运用，而且把握得越来越好，现在已经变成了一种比较松灵的画法，用得更大胆、更自如了。找到自己的语言太不容易了，郭怡孮自己的语言已经成熟，而且色彩的艳而稳重也表现出来了。如果没有这亮丽的色彩把画面拉起来恐怕就不是他的风格了，如今又有了新的变化，都是他长期思考和实践的结果，应当充分肯定。

郭怡孮是位有社会责任感的画家，他是在新时期国画发展过程当中非常重要的人物，从中国画艺委会的筹备至今，他仍然身体力行地为中国画的发展努力工作着。

# 大好春光

## ——郭怡孮画展艺术研讨会

时间：2011 年 6 月 8 日上午

地点：中央文史研究馆

主持人：薛永年（中央美院教授、中国美协理论委员会主任）

出席研讨会的有邵大箴（中央美院教授、中国美协理论委员会名誉主任）、刘曦林（中国美术馆研究员、中国美协理论委员会副主任）、李树声（中央美院教授）、王镛（中国艺术研究院研究员、中国美协理论委员会副主任）、陈履生（国家博物馆研究员、中国美协理论委员会副主任）、张晓凌（中国艺术研究院副院长、中国美协理论委员会副主任）、李魁正（中央民族大学教授）、田黎明（中国艺术研究院副院长）、梁江（中国美术馆副馆长、中国美协理论委员会副主任）、唐勇力（中央美院中国画学院院长）、郑工（中国艺术研究院研究员）、安远远（文化和旅游部美术处处长）、尚辉（《美术》杂志执行主编）、刘龙庭（人民美术出版社编审）、李一（中国艺术研究院研究员、中国美协理论委员会副主任）、赵士英、杨悦浦、邵剑武（《人民日报》美术组组长、中国美协理论委员会委员）、赵德润（中央文史研究馆馆员、《中华书画报》社社长）、贾德江、邵昌弟（首都师范大学教授）、郭怡孮，以及中央美术学院、艺术研究院的博士生，中央文史研究馆的有关领导和工作人员，新闻媒体的朋友们，共 50 余人。

**薛永年：**

郭怡孮先生是位社会责任感和历史使命感很强的艺术家，他一直在思考中国花鸟画怎样应对当前的精神需要，中国花鸟画怎样走向现代。他不但是画家，更是美术教育家和美术活动家。在绘画创作上，郭先生是花鸟画领域的开拓者，在美术教学上他是国画教育的开风气者，在社会活动上他是新时期中国画坛的领导者之一。

郭先生有很强的创新意识，但他的出发点和归宿都是中国画，他的父亲是我们敬仰的郭味蕖先生，在 20 世纪五六十年代郭味蕖先生就发扬革新精神，有效地整合了传统，刷新了小写意花鸟画的精神体貌，当时就获得广泛的好评。郭怡孮先生继承家学，又在艺术学院受到了系统的训练，"文革"前已经初露头角，"文革"后进入了设在藻鉴堂的中国画创作组，逐渐形成自己的风格，接着就受聘到中央美院执教。郭先生拥抱自然，整合传统，讴歌生命的光辉，表现春光的灿烂，体现大自然的律动和节奏，反映时代的审美取向。他的艺术极大地拉开与传统的距离，不再是皇家的富贵，也不是文人的野逸，更不是一般的庙堂气、山林气、书卷气，是启功先生所称道的"大麓画风"。这个说法是启功先生在一首题画诗里提出来的："喜看丹碧出深丛，黼黻宏开大麓风。太液波光无限好，上林春色十分红。"他的诗点出了郭怡孮花鸟画的几个特点：色彩鲜艳、富丽堂皇、构图大气、层次丰富，其中还点出一个最主要的特点——既有庙堂气还有山野的生机，把山野的生机引进了"上林""太液"的殿堂，概括得非常准确。郭怡孮"大麓画风"的作品追求大画幅、大气势、大花朵、大内涵、大的生命律动，超越小我的社会文化内涵。他更以色彩的抒情性与图式的象征性，深化了作品的立意，比如：讴歌香港回归的《日照香江》，呼唤 尊重自然的《赤道骄阳——我的内罗毕宣言》。

近年来他的作品大体有两种面貌：一种加强了笔墨的抒写性，包括没骨画法的书写性，色墨的流动性，调动的和谐感；还有一种突出了色彩的辉煌夺目，使用了金银箔，也增加了笔触的写意性和色彩的丰富性。

20 世纪以来的中国画的发展被理论家概括成两种路数：一种是借古开今，一种是融合中西。其实画家并不这么绝对，郭味蕖先生的花鸟画整体属于借古开今的小写意，局部也不乏融合中西的地方，甚至细部吸收了写实因素，但是用得非常好。郭怡孮先生的艺术更接近融合中西，甚至比他父亲更多吸纳了西画的成分，一个是强化了色彩，一个是注重构成，他使用的色彩更多，更不是假定性的随类赋彩的色彩，而是有现场感的，直观动人的色彩感觉，雅俗共赏。他的画非常抓人。郭怡孮先生的作品很少表现传统的折枝、盆供、丛艳，也不再以笔墨为艺术中心，但是放大的花头、成片的花海、饱满的构图、瑰丽的色彩，彻底改变了传统的色墨关系与平面的虚实关系。他实际上是力求传统学养和现代审美结合起来，寻根意识和全球意识结合起来，探索一种便于中西沟通的具有普世性的绘画语言。对于郭先生的探索与突破尽管也有见仁见智的看法，但都会看到他扩大了花鸟画的精神内涵，强化了花鸟画的视觉冲击力。如果说郭怡孮先生的父亲郭味蕖是老一辈名副其实

的学者型画家，那么郭怡孮先生不仅同样是按学者型画家的标准来塑造自己，同时，是画家中富有思想的理论家。在 85 美术新潮掀起之后，一时间出现了中国画的危机论，当时反对危机论的代表人物之一是潘公凯，他发表了"倡导和谐文化的绿色绘画论"，郭怡孮先生敏锐发现了潘公凯这种主张的价值，专门把潘公凯请到中央美术学院作系统的讲学，给我们留下的印象很深刻。

多年来郭先生提出了不少颇有影响的理论命题，像大花鸟意识，像技法重组，像创立新程式，像重彩写意，像在三个灰箱即工笔与写意、泼墨与重彩、山水与花鸟两极之间来探索那种丰富与和谐。所以郭先生的理论和实践充满了问题意识，他所涉及的问题包括了花鸟画的精神内涵和现代功能、艺术的个性与时代的共性、民族性与世界性、中与西、传统与现代、色墨与色彩、写生与写意、生态与城市、艺术家学与学校教育、艺术与生活等。他在理论上和创作上都做出了自己的回答。研讨郭怡孮先生的艺术，回顾他的经验已经远远超过了给他的个人艺术做历史定位的问题，而是要思考怎样来认识中国花鸟画的继承和发展、固本自强与包容开放的关系，怎样繁荣发展中国画，怎样去寻找中国传统的生长点，怎样使花鸟画走向世界为人类做贡献，来保护环境，来适应今天的需要。

**邵大箴：**

对于郭怡孮的画的意境和他的看法在美术界10多年前就有不同的看法。

我认为郭怡孮的画当然有特长，有鲜明的特征，其中肯定包含不足，不足是按传统文人画要求讲，传统文人画要求笔墨，他的画不是没有笔墨，有笔性，有墨色，但是以色彩为主，这是一派。对他这派肯

定是有褒贬的，褒也好贬也好，都认为其具有很鲜明的个性面貌，也丰富了中国花鸟画格局，在这个格局里面有多种图式、有多种追求。要突破20世纪50年代形成的思维习惯，哪个画家有个性一点，就被认为是正统的。郭怡孮最近这些大画，把他前几年人们批评的东西更强化了，这也不得不令人佩服，有的人甚至一见到有点问题出来，马上就收起来，他是强化自己的东西。他不受外界影响，表明他坚持这条道路，这条道路危险，但是他是有中国传统绘画学养的，是有家学的，并对他父亲的绘画艺术非常尊重，他肯定知道他的画比起前辈画家有什么突破，相比较而言有什么不足，他明白这点就自觉地追求，说明他有胆识和勇气。我曾经给张仃先生写过一篇短文《广听意见 一意孤行》，绘画不特立独行，中国的艺术面貌不会有非常丰富的表现。

### 梁江：

郭怡孮先生的展览在中国美术馆吸引不少观众，反应非常热烈，在今年中国美术馆展览当中是一个很好的展览。

第一，他的作品体现了中国画花鸟画的新境界，这里面有一点要强调一下，郭先生展览没有用中国花鸟画名称，而叫"郭怡孮绘画展"，这里可能牵扯到大家对他的笔墨语言探索的评价，定位这个问题，是非常有趣的一个事情。

刚才大家讲到他的作品特点非常强，走进展厅春光灿烂，感到耳目一新，一种山野之气，一种自然界的鲜活气息扑面而来，这在传统的花鸟画中比较少见，他突破了中国传统花鸟画那种清幽冷逸的格调，突破了小景小情的表达方式，体现了他在花鸟画上的追求。很有意思，值得我们深入思考。

我非常感兴趣的是看他早年的作品，甚至是20世纪60年代作品，可以看出他下很多功夫打进传统，有传统的功力，他对自己的追求是深思熟虑的，不是像一般的画家画不了传统东西，没有笔墨功力然后搞创新，这个区别明显，他追求新境界是他自己非常明确的追求。

第二，他在花鸟画语言上有较强烈的创新的诉求，他的作品有形有色彩。中国画的传统非常丰富，很立体的，除了水墨也有色彩的也有没骨的，都属于传统的范畴，我们今天把传统的很多东西丢掉了，变成文化的失忆。有人说中国画色彩不如西方，我说那是胡说八道。我说中国画是最注重色彩的，墨分五色，定调了。只是有一些我们不掌握了，我们讲春夏秋冬，每个都有色彩，我们知道青春，但是不知道朱夏、素秋、玄冬，这就是文化的失音。郭怡孮先生在另外一个角度，继承和弘扬中国色彩的传统，这点非常值得注意。

第三，郭怡孮在创作上有明确追求，表达自己新的艺术理念，不做前人的墨奴，在小画里有大寄托，在当代这是非常难的，他有非常明确的艺术理念，这个也值得注意。

郭怡孮的展览，体现他鲜明的个人风格，他的贡献在于弱化了水墨程式，强化了色彩，除了他的个人特点，他对当今中国画坛有重要的启迪，为当代中国画，尤其是花鸟画的进一步发展和创新提供一种鲜活的经验，引发我们更深一步的思考。

### 唐勇力：

郭先生的展览给我们一个思索，今后花鸟画朝哪个方向走，这个问题太重要了。花鸟画发展到现在应该具有像郭先生提出来那种大花鸟画气势。

**张晓凌：**

中国当代花鸟画家如果排序的话，我们发现要选10个同样水准的画家不大容易。今天有了郭怡孮，我感觉到很庆幸，如同遇到问题的时候出现了重大突破。看了他的画我大吃一惊，我感到中国画如果没有时代气息、没有对传统的突破、没有对当代气息的表达，可能中国画就没有什么希望。

郭怡孮先生在大花鸟上若能进一步推进的话，他就能成为这个时代的标志性人物，我认为他是开宗立派大家，因为之前没有这样的画，没有这样的精神。我对他非常肯定。

**邵建武：**

我们整个的中国画界的最大问题，是市场重视问题，从上到下弥漫小家子气，就是因为精神价值不够。我推崇郭老师在这方面做的很多年的坚持不懈的努力。我也希望他的这种影响进一步扩大，改变我们中国画界的格局和未来的前景。

**田黎明：**

郭先生是研究型、学者型、创造型的中国画大家，郭先生的花鸟画是在传统的基础上产生的全新的笔墨，他的画是笔墨当随时代。昨天看郭先生的画感受到其花卉产生了新的品位、新的笔墨韵味，他既有传统精神，又创造了当代花鸟画的新境界，是开一代新风的。

郭先生花鸟画把笔墨内涵上升为审美文化来观照，所以他的笔墨语言将浓丽灿烂的色彩境界推到了极致，进而转化为极其饱满的真诚的生命体验，从而升华为审美的观照，产生了绚丽的壮美，产生了辉煌的境界。因此，郭先生的花鸟画创作境界大、气象大，在表现形式上是灿烂如锦，在文化内涵上是气象万千。

郭先生对中国画的规律性探索有深厚的基础，他创造了今天一片灿烂的大花鸟画，实现了中国艺术境界的新体验和新发展。

**薛永年：**

大家结合郭先生大好春光的展览，联系当前花鸟画的创作，发表了真知灼见，既高度评价了他的花鸟画艺术，比如他的与众不同、独特成就、与前人拉开的距离，特别是他的开宗立派，也提出了积极建议，而且还展开了不同认识的讨论，更探讨了中国特有的花鸟画的发展问题，提出了富有启发性的意见。

现在花鸟画可以回答哪些人物、山水回答不了的当代问题，难度在哪里。怎样来重视科学，而不把艺术当科学；怎样不和照相机争功；怎样和古人、洋人用不一样的方式，来提炼色、线、形，都是要考虑的问题。有一些郭先生已经做了自己的思考和回答。花鸟画色彩要突破，就要解构原有的以线为主的造型方式和抒情方式，怎么样来实现中国式的色和形的关系，还要发挥和原来不一样的线的作用。郭先生形成了一整套的有效方法，比如利用中国画的程式，但他的是新的，把各种方法重新组合，有传统的，有和传统不一样的，郭怡孮先生对这些问题都做出了回答。

天地和同 春光锦绣 2010—2011 年 180cm×450cm

10-1996 BEIJING CHINA

郭怡琮畫展

EXHIBITION OF
GUO YIZONG

中國美術館
CHINA ART GALLERY

1996年，郭怡琮在中国美术馆举办"郭怡琮画展"，上图是画展宣传册，下图为在郭怡琮画展座谈会上，中国美术家协会主席王琦同志讲话

1996 年，在中国美术馆举办"郭怡孮画展"，图为陪同萧淑芳先生参观展览

1996 年，郭怡孮夫妇陪同白介夫、王琦先生参观郭怡孮画展

郭怡孮陪同刘力上、田世光、李慧文、廖静文、王琦先生参观展览

郭怡孮陪同吴冠中先生参观他的个人画展。那天吴冠中先生十分兴奋，讲了美感、绘画感、建筑感、形式感等许许多多绘画要素，展览会成了大课堂，有许多青年观众围听

1986年，郭怡孮应邀到加拿大蒙特利尔政府大厦和满地可画廊举办个人画展，这是郭怡孮先生首次到国外举办画展。蒙特利尔电视台拍摄了《美丽的中国之花在加拿大盛开》的专题片。图为蒙特利尔市中心的宣传牌。画展是由中国美术家协会主席、中央美术学院院长吴作人先生题字

1988—1990 年郭怡孮先生三次在台湾举办个人画展。画展是由中华书局和台湾"中华书局"联合在台北"中华艺苑"举办,这是两岸首次联合举办画展,台湾日报以"民族艺术的一抹新霞"为题发表文章并给予高度的评价

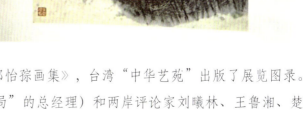

在台湾举办个人画展时，台湾"中华书局"出版了《郭怡孮画集》，台湾"中华艺苑"出版了展览图录。画集中刊登了李侃、熊杰（中华书局和台湾"中华书局"的总经理）和两岸评论家刘曦林、王鲁湘、楚戈和邵剑武先生的文章

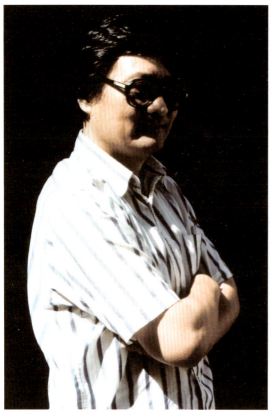

EXPOSITION
DE
PEINTURE

GUO YIZONG

LES SALONS DE LA ROSE -
CROIX A.M.O.R.C.

199 bis, rue Saint-Martin-
75003 PARIS - Tél.: 42.78.39.29
(métro Rambuteau, Étienne-Marcel,
Parking Beaubourg)

这是我94年1月在巴黎画展 小清東

VERNISSAGE

LE 28 JANVIER 1993 A 18 HEURES

M. GUO YIZONG, PEINTRE CHINOIS, EST N2 EN 1940.
DIPLOME A L'ECOLE D'ARTS DE BEIJING, IL TRAVAILLE A L'INSTITUT
CENTRAL DES BEAUX-ARTS DE BEIJING COMME PROFESSEUR ET DOYEN-
ADJOINT DE LA FACULTE DE PEINTURE TRADITIONNELLE CHINOISE.
IL EST AUSSI BIEN SOUS-DIRECTEUR DE LA COMMISSION DE L'ART DE
PEINTURE TRADITIONNELLE CHINOISE AU SEIN DE L'ASSOCIATION
NATIONALE DES PEINTRES DE CHINE.
DES EXPOSITIONS DES SES OEUVRES ONT EU LIEU A PLUSIEURS
REPRISES AUX ETATS-UNIS, AU JAPON, AU CANADA, AU KENYA, EN
FRANCE, A TAIWAN ET A HONGKONG, AYANT DE BONNES CRITIQUES
TANT ORIENTALE QU'OCCIDENTALES.
CERTAINES DE SES OEUVRES FONT PARTIE DES COLLECTIONS DE
NOMBRE DE PALAIS DE BEAUX-ARTS ET MUSEES TANDIS QUE D'AUTRES,
RECOMMANDEES PAR LE GOUVERNEMENT CHINOIS, SONT EXPLSEES
POUR LONG TERME AU SIEGE DES NATIONS-UNIES A NEW-YORK OU
FIGURENT DANS LE "RECUEIL DE PEINTURES CELEBRES DE CHINE
MODERNE" PUBLIE PAR L'UNESCO.
DE DIVERS RECUEILS CONSACRES PROPREMENT A SA CREATION
ARTISTIQUE' SONT SORTIS A LA PARTIE CONTINENTALE DE CHINE
COMME TAIWAN.

EXPOSITION-VENTE DU 28 JANVIER
1993 AU 5 AVRIL 1993 INCLUS
OUVERT DU LUNDI AU SAMEDI
DE 10H A 19H

郭怡孮畫展

EXPOSITION
DE
PEINTURES CHINOISES
DE L'ARTISTE PEINTRE
GUO YIZONG

CITE INTERNATIONALE DES ARTS

GUO YIZONG

GUO Yizong est né en 1940 dans la province du Shandong. En 1962, il fut diplomé à
l'Institut d'Arts de Pékin. Il enseigne actuellement à l'Institut Central des Beaux-Arts de
Pékin comme professeur, est vice-directeur du département de la peinture traditionnelle
chinoise, membre du Comitéde recherche de l'Institut et membre de la Commission de
recrutement des enseignants.
Il obtint plusieurs prix des meilleures oeuvres d'art offerts par le Ministère de la culture, fut
primé à l'exposition nationale des Beaux-Arts, à l'exposition sino-japonaise de peintures au
lavis. De nombreux musées de différents pays collectionnent en outre ses oeuvres, Certaines
de ses oeuvres sont en exposition permanente dans la tour du rempart de la place Tian
Anmen, ainsi qu'au Siège des Nations-Unies, Ses oeuvres figurent également dans le
receuil de peintures contemporaines chinoises publié par l'UNESCO.
GUO Yizong a exposé au CANADA, au JAPCN et à TAIWAN
De nombreux receuils de ses oeuvres ont été déjà publiées tels que "Peintures de fleurs
d'après nature par GUO Yizong" "Technique de la peinture traditionnelle chinoise de fleurs
et d'oiseaux" "Receuils de peintures", etc.
D'après les échos des nombreuses critiques, son oeuvre ressemble à "un nuage empourpré
du matin de l'art national", "exprime la flore de la chine du xx siècle", "représente le
summum de l'encre et des couleurs de la chine contemporaine" et "reflète le coeur poétique
contemporain chinois qui regarde la nature".

1990—1991年，郭怡孮在法国巴黎国际艺术家城研修期间，在国际艺术家城美术馆展览大厅举办了"郭
怡孮画展"。在此期间他还到荷兰、瑞士、西班牙、比利时等国家，深入研究西方艺术

**Guo Yi-Zong**

- Professor at the Central Academy of Fine Arts
- Member of the China Artist Association

*Professor Guo Yi-Zong, one of the leading artists in China, was invited by Mme. Rosa LEE, the director of the School of Chinese Art, to visit Kenya.*

*Prof. Guo's flower and bird paintings are extremely striking, using a style developed by himself. He uses brilliant colours together with expressive brushwork, carefully outlining his flowers and leaves in ink to produce a sumptuously decorative effect. His works are remarkable for their composition and suggestiveness of vast space.*

*Many of his larger paintings adorn public halls in China and other countries. He has held exhibitions in many countries - USA, Canada, France, Japan and now Kenya.*

*His published works are represented in the following:*

*"Collection of paintings by Guo Yi-Zong"*
*"Sketches of Guo Yi-Zong flowers"*
*"Painting Technique of Chinese Flowers and Birds"*

*During his visit, Prof. Guo Yi-Zong will serve as visiting Professor in the School of Chinese Art of FCC, giving lectures to the advanced classes. He will then visit many parts of Kenya and record his impressions in Chinese paintings.*

Monrovia/Loita Streets
P.O. Box 49415
Nairobi
Tel: 336263/64/53

民族藝術的一抹新霞
"A Brilliant Stroke from Eastern Art"

**郭怡琮畫展**

**Guo Yi-Zong**
**Art Exhibition**
**22nd - 31st October, 1991**

**French Cultural Centre**

## 作者簡介

中國畫家郭怡琮，1940年生於山東省濰坊市。1962年畢業於北京藝術學院。現任中央美術學院教授，中國畫系副系主任、院學術委員及學術職稱評定委員，并受聘北京美術家協會理事、北京花鳥畫研究會副會長、濰坊畫院顧問、臺灣中華書局中華藝苑藝術顧問等職。

郭怡琮的作品以堅實的傳統功力和現代審美情趣而別開生面，力求藝術觀念與時代精神相適應，廣泛受到東西方觀眾和評論家的好評，被評為"民族藝術的一抹新霞"，這就是廿世紀的中國花卉"，代表了當代中國的墨和色"，是中國志心對自然的現代朗照"，他的作品多次在國內外獲獎，曾獲文化部優秀美術作品獎，全國美展優秀獎，日本·中國水墨畫聯展特別優秀獎，被一些美術館收藏，并獲得被國家選掛在天安門城樓大廳，選送紐約聯合國大廈陳列等殊榮，被聯合國教科文組織選入《現代中國名家畫集》，曾在加拿大、日本、臺灣等地多次舉辦個人畫展。他堅定地走着學者化的道路，理論、生活、技巧同步并進，并富收藏、精鑒賞。近年來又對照研究思、西方繪畫理論，多次出國訪問，進行藝術交流，舉辦個人畫展，以期把這一中華民族古老的繪畫形式早日匯入現代世界藝術的巨川。

出版有《郭怡琮畫集》、《郭怡琮花卉寫生》、《中國花鳥畫技法》等書。

EXPOSITION
DE
PEINTURE

**GUO YIZONG**

**CITE INTERNATIONALE DES ARTS**
18 RUE DE L'HÔTEL DE VILLE - 75004 PARIS
METRO : PONT — MARIE

**VERNISSAGE**
JEUDI 21 NOVEMBRE 1991
DE 18H A 20H

**EXPOSITION**
DU 22 AU 30 NOVEMBRE
DE 13H A 19H

1991年，应联合国环境总部的邀请，郭怡琮访问肯尼亚，并在肯尼亚首都内罗毕法国文化中心举办个人画展。这是中国画家在非洲的首个个人画展。在展览会开幕式上中国大使吴明廉致辞，法国文化中心主任出席活动

2002 年，在全国政协礼堂举办郭怡孮画展，郭怡孮、邵昌弟老师和中央美院郭怡孮花鸟画高研班的全体同学合影

2002年，郭怡孮在全国政协礼堂举办个人画展，上图是陪同王光英副委员长参观，下图是在全国政协礼堂召开《中国近现代名家画集——郭怡孮》出版座谈会

2002年，郭怡孮在中国美术馆举办了"大好春光——郭怡孮绘画展"，画展由中国文联、中央美术学院、中国艺术研究院、中央文史研究馆等7家单位主办，并在中央文史馆举办了学术研讨会

"大好春光——郭怡孮绘画展"展出作品 100 余件，图为郭怡孮在中国美术馆园厅中央展出的巨幅绘画《大好春光》，吸引着俄罗斯驻京大使馆的幼儿园小朋友

在北京奥运会期间，北京饭店19楼，专门设立了郭怡琮绘画长廊，10年来长期陈列郭怡琮代表作20余件，许多重大活动都是在这充满艺术氛围的场地举办的

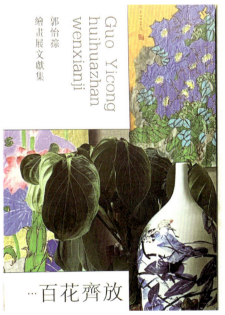

2021 年，郭怡孮在北京奥林匹克森林公园书画频道美术馆举办了"百花齐放——郭怡孮绘画展"，展出了《霓裳羽衣图》《燎原》《春雷声声》等大型作品，同时展出了百余幅"百花齐放"组画。并由中国文联出版社出版了《郭怡孮绘画展》文献集

2021年，"怡园同芳——郭怡孮师生作品系列展"在"第十届中国画节"和郭味蕖美术馆举办，
展出了郭怡孮和他的11位实践类博士生的作品、论文、手稿等100余件，展出突出了学术性。
上图是郭怡孮老师与同学们的合影。下图是郭怡孮先生接受采访谈博士生教学的体会

2022年，在北京北海公园阐福寺举办了"东风朱霞——郭味蕖、郭怡孮、郭玫孮画展"，这是郭味蕖父子三人首次举办的联展。京华春暖，北海情深，父子三人生机盎然的画作，和与北海相关的一些珍贵照片同时展出，给疫情中的北京带来了春意

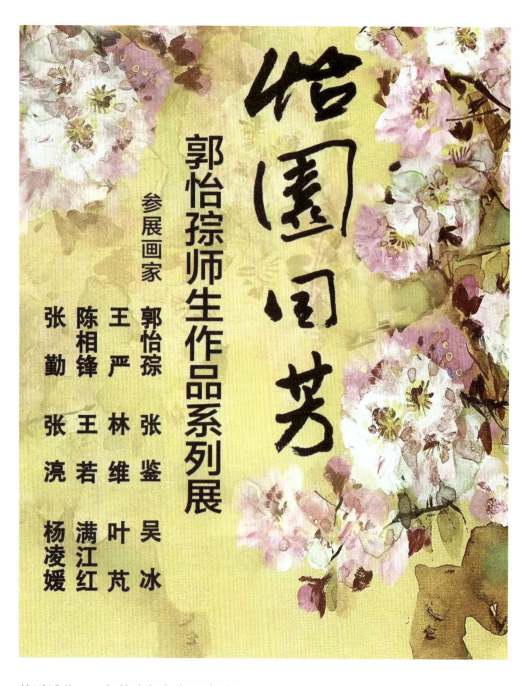

参展画家

| 郭怡孮 | 张鉴 | 吴冰 |
| 王严 | 林维 | 叶芃 |
| 陈相锋 | 王若 | 满江红 |
| 张勤 | 张浣 | 杨凌媛 |

怡园同芳——郭怡孮师生作品系列展

怡园同芳——郭怡孮师生作品系列展

展览会期间录制了《空中课堂》、"专题报道"和《仰山论坛》。上图为范曾先生参观展览。
下图是王鲁湘、刘曦林、陈孟昕、郭怡孮先生在录制《仰山论坛》

2022年2月，"崇德尚艺 潜心耕耘"中国文联知名老艺术家艺术成就展在中国文艺之家展览馆举行，展览通过352幅珍贵的历史图片和画面，135件代表性实物和4部专题宣传片，展示了于淑珍、祝希娟、郭怡孮三位"德艺双馨"的文化大家，在音乐、电影、美术领域的杰出成就和他们"不忘初心，服务人民"的创作实践

在中国文联中国老艺术家成果展上，郭怡孮、于淑珍两位先生同中国文联、中国美协、中国音协的领导合影

郭怡孮先生在展览会上陪同中国文联铁凝主席、李屹书记参观展览

郭怡孮先生在展览会开幕式上的讲话指出："中国花鸟画在人类文化史上堪称独步，是
中国文化的人文的花朵。"他是新中国培养的第一代花鸟画画家

# 作品集锦

ZUOPIN JIJIN

山泉　1960 年　136cm×88cm

骤雨初歇　1962 年　133cm×120cm

山河万里一片春　1976 年　135cm×204cm

太华山花　1977 年　186cm×94cm

清清渠水上翠微　1977 年　102cm×96cm

布谷声中夏令新　1979 年　145cm×100cm

繁荣昌盛　1979 年　180cm×190cm

华夏昌兴（刘炳森题字）　1984 年　80cm×80cm

枯木逢春　1984 年　66cm×46cm

天堂鸟　1985 年　114cm×96cm

雨林深处　1985 年　242cm×172cm

文殊兰　1986 年　115cm×86cm

六月风来一水香　1986 年　50cm×45cm

冬读图 1989 年 68cm×52cm

白洋淀归来　1989 年　68cm×68cm

玉洁冰寒见精神　1989 年　68cm×67cm

远山如黛　1990 年　98cm×96cm

雨后  1990 年  68cm×68cm

春光图　1994 年　180cm×400cm

日照香江——为 1997 年香港回归而作　1996 年　136cm×215cm

西湖过雨图　1996 年　240cm×120cm

石榴花　2000 年　90cm×40cm

东篱把酒黄昏后　2001 年　136cm×68cm

塞纳河记游　2001 年　68cm×136cm

花香深处　2002 年　220cm×180cm

浴　2003 年　52cm×52cm

一路看竹到几峰　2003 年　160cm×220cm

荷塘清趣　2003 年　68cm×68cm

金菖蒲　2003 年　68cm×68cm

竹露藤风图　2004 年　146cm×132cm

晴光泼眼　2004 年　68cm×68cm

小园又是四月天　2004 年　68cm×68cm

南回归线上　2004 年　68cm×68cm

春水无浪 春兰幽香 2004 年 68cm×68cm

幽谷　2005 年　96cm×130cm

朱竹白石图　2005 年　120cm×240cm

俯视众芳　2006 年　230cm×220cm

幽幽版纳  2006 年  118cm×93cm

错落珊瑚枝　2006 年　118cm×93cm

仲夏怡园月三更　2006 年　118cm×93cm

忆江南　2006 年　118cm×93cm

正当万朵开时　2006 年　118cm×93cm

青娥素女队队来　2006 年　118cm×93cm

潭心绿水缓悠悠　2006 年　118cm×93cm

舞风  2006 年  118cm×93cm

嫩秋  2006 年  118cm×93cm

莲灯高挂　2006 年　118cm×93cm

蒲节景象 2006 年 118cm×93cm

白洋淀印象　2006 年　118cm×93cm

鹤舞绿乡　2006 年　118cm×93cm

春水无浪 春渚幽香　2008 年　118cm×93cm

滇南小景　2008 年　68cm×68cm

绕屋花扶疏　2008 年　136cm×68cm

作品集锦
ZUOPIN JIJIN

赤水河畔印象　2009 年　177cm×144cm

怡园晓露未晞时　2009 年　120cm×97cm

昨夜又梦文殊兰　2009 年　160cm×140cm

南岛月色　2009 年　119cm×92cm

岭南腊月　2009 年　120cm×97cm

一溪碧水半溪花　2009 年　119cm×94cm

布谷声中山花新　2009 年　120cm×97cm

晨光　2009 年　142cm×218cm

行尽青溪为观花　2010 年　33cm×33cm

信笔写兰补离骚　2010 年　33cm×33cm

冰山奇葩　2010 年　33cm×33cm

高山仰止拜杜鹃　怡琮滇南太子雪山探奇　2010 年　33cm×33cm

嫩叶藏轻绿 繁葩露浅红 2010 年 33cm×33cm

春晖泻绿相偕 紫气东来韶光晔 岭啸

紫气东来　2010 年　96cm×98cm

水阔雨萧萧　2010 年　136cm×68cm

云淡风轻　2011 年　68cm×68cm

明月初升　2011 年　122cm×142cm

花好何须问名字　2011 年　119cm×143cm

空山新秋　2013 年　50cm×60cm

山原之花　2014 年　50cm×60cm

今年余所教授的中央美院四位博士生畢業，來家探望時翠未一束花，新品種美，不知其名，故取名為博士花。怡琮記于甲午年六月

博士花　2014 年　60cm×50cm

雁栖湖畔 APEC 蓝　2014 年　230cm×196cm

春到太行　2015 年　160cm×257cm

绣球花　2015 年　50cm×60cm

鹤望兰　2017 年　35cm×71cm

朝露　2017 年　35cm×71cm

滇西归来　2017 年　35cm×71cm

向阳　2017 年　35cm×71cm

金秋送爽时　2017 年　35cm×71cm

秋风乍起　2017 年　35cm×71cm

晨晖　2018 年　302cm×202cm

春山行　2018 年　50cm×50cm

风和日丽四月天  2018 年  50cm×50cm

行到高寒处　满眼银杜鹃　2018 年　50cm×50cm

日日东风 月月花　2018 年　50cm×50cm

山原之花　2018 年　50cm×50cm

此圖用珊瑚粉軟金石綠松石為
顏料點染而成畫時頗有富翁感
給捺己亥

秋色　2019 年　50cm×50cm

波翅豆蔻　2019 年　21cm×21cm

雀尾蕉　2019 年　21cm×21cm

海芋花　2019 年　21cm×21cm

桔梗花　2019 年　21cm×21cm

玛瑙山茶　2019 年　21cm×21cm

虎头兰　2019 年　21cm×21cm

南岛晨光　2020 年　130cm×96cm

咏梅　2020 年　165cm×145cm

端午时节　2020 年　68cm×136cm

晨起觀花嘆造化之美時令之奇畫興大增

展家藏老紙研明代桑林李子墨用朱砂胭脂石綠

石青諸礦物敦料物閒老物心系當下友人鈍之

怡誠又題

无忧花　2020 年　145cm×60cm

吊罗山山花　2020 年　145cm×60cm

不畏风霜　2020 年　145cm×60cm

扶桑花　2020 年　145cm×60cm

红毛丹　2020 年　145cm×40cm

迎面吹来南海风　2020 年　145cm×60cm

霓裳羽衣图　2020 年　145cm×360cm

菖蒲　2021 年　21cm×21cm

双色梅　2021 年　21cm×21cm

石蒜　2021 年　21cm×21cm

德国鸢尾　2021 年　21cm×21cm

芦荟　2021 年　21cm×21cm

贴梗海棠　2021 年　21cm×21cm

蔷薇　2021 年　21cm×21cm

粉山茶　2021 年　21cm×21cm

黄蜀葵　2021 年　21cm×21cm

陇上六月芳菲天　2021 年　102cm×96cm

报春　2021 年　68cm×68cm

春涛化龙图　2021 年　120cm×360cm

一溪碧水一溪花　2021 年　68cm×136cm

南国花木组画　2021 年　45cm×42cm

南国花木组画　2021 年　45cm×42cm

南国花木组画　2021 年　45cm×42cm

南国花木组画　2021 年　45cm×42cm

南国花木组画　2021 年　45cm×42cm

南国花木组画　2021 年　45cm×42cm

南国花木组画　2021 年　45cm×42cm

南国花木组画　2021 年　45cm×42cm

凌霄　2021 年　21cm×21cm

玉叶金花　2021 年　120cm×96cm

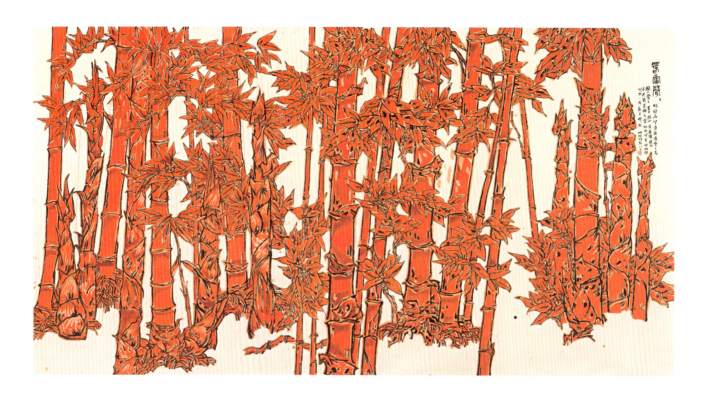

春雷声声　2021 年　180cm×360cm

燎原　2021 年　145cm×360cm

花香夹道　2022 年　145cm×60cm　　　　　花好何须问名字　2022 年　136cm×68cm

刺桐花　2022 年　145cm×60cm

缅栀子花　2022 年　145cm×60cm

心中自有春潮　2022 年　68cm×68cm

凌云　2022 年　68cm×68cm

金色池塘　2022 年　120cm×240cm